Über dieses Buch: Obwohl der Staatssicherheitsdienst der DDR im Januar 1990 auf dem Buchenberg bei Pößneck (Thüringen) Aktenmaterial über den Schriftsteller Reiner Kunze verbrannt hatte, fand sich im Archiv die vollständige Originalakte von zwölf versiegelten Bänden zu insgesamt 3491 Blatt, die bis zur Übersiedlung Reiner Kunzes in die Bundesrepublik Deutschland im Jahre 1977 reicht. Mit einem Bruchteil dieses Materials macht Reiner Kunze sichtbar, was wohl, wenn überhaupt, nur mit Dokumenten und nur in dieser »Brechung« sichtbar gemacht werden kann. Dieses Buch ist die Dokumentation eines Lyrikers, der »nicht geeignet« war, einen Decknamen zu tragen, und deshalb in einem Operativ-Vorgang mit dem zynischen Decknamen »Lyrik« zermürbt werden sollte. Dieses Buch überführt, und es liegt an uns, den Überführten, ob wir bereit sind, uns der Wirklichkeit zu stellen.

Reiner Kunze wurde 1933 in Oelsnitz im Erzgebirge als Sohn eines Bergarbeiters geboren, studierte Philosophie und Journalistik an der Universität Leipzig und lebt heute in Niederbayern. Reiner Kunze ist Mitglied des PEN, der Bayerischen Akademie der Schönen Künste, der Akademie der Künste, Berlin, und der Deutschen Akademie für Sprache und Dichtung. – 1968 Übersetzerpreis des Tschechoslowakischen Schriftstellerverbandes; 1971 Deutscher Jugendbuchpreis; 1973 Literaturpreis der Bayerischen Akademie der Schönen Künste und Mölle-Literaturpreis, Schweden; 1977 Georg Trakl-Preis, Österreich, Andreas Gryphius-Preis und Georg Büchner-Preis; 1979 Bayr. Filmpreis (Drehbuch); 1981 Geschwister-Scholl-Preis; 1984 Eichendorff-Literaturpreis; 1989 Kulturpreis Ostbayern; 1990 Herbert und Elsbeth Weichmann-Preis. – 1988/89 Gastdozenturen für Poetik an den Universitäten München und Würzburg. – Reiner Kunzes Lyrik und Prosa wurde bisher in dreißig Sprachen übersetzt.
Im Fischer Taschenbuch Verlag liegen folgende Titel vor: »Der Löwe Leopold« (Bd. 1534), »Zimmerlautstärke« (Bd. 2074), »Die wunderbaren Jahre« (Bd. 2074) und »Auf eigene Hoffnung« (Bd. 5230).

Deckname »Lyrik«

Eine Dokumentation von
Reiner Kunze

Fischer
Taschenbuch
Verlag

Originalausgabe
Veröffentlicht im Fischer Taschenbuch Verlag GmbH,
Frankfurt am Main, Dezember 1990

© Fischer Taschenbuch Verlag GmbH, Frankfurt am Main 1990
Umschlaggestaltung: Buchholz/Hinsch/Hensinger
Gesamtherstellung: Clausen & Bosse, Leck
Printed in Germany
ISBN 3-596-10854-3

V Op. - Vorg.

Inhalt

Für Andrea und Andreas

Vorbemerkung

Dieses Buch besteht fast ausnahmslos aus Aktenauszügen.
Zitiert wird die Akte Nr. X/514/68 des Ministeriums für
Staatssicherheit der Deutschen Demokratischen Republik,
Bezirksverwaltung Gera:
Operativ-Vorgang
Deckname: »Lyrik«
Tatbestand: Staatsgefährdende Hetze § 106 StGB, Staatsver-
leumdung § 220 StGB
Kunze, Reiner..., Schriftsteller
Angelegt am: 16.9.1968
Beendet: 19.12.1977
Archiv-Nr. 1434/77
Die Akte umfaßt 12 Bände mit insgesamt 3491 Blatt.
Einfügungen und Erläuterungen in eckigen Klammern von mir.
Großbuchstaben in Anführungszeichen (»A.«) sind Anfangs-
buchstaben von IM-Decknamen (IM = inoffizieller Mitarbei-
ter; registrierter, konspirativ arbeitender Informant). Ein be-
stimmter Buchstabe steht stets für ein und denselben Deck-
namen.
Wesentliche Abkürzungen werden beim erstmaligen Gebrauch
erläutert, andere, wenn nötig, ausgeschrieben.
Über Tausende von Seiten das Deutsch des Staatssicherheitsdienstes lesen zu müssen, war Folter. Es wurde für die Leser
dieses Buches soweit wie möglich gemildert.
Hauptorte des Geschehens: Greiz (Thüringen, Bezirk Gera),
Franz-Feustel-Str. 10, Sechs-Parteien-Mietshaus, Zweiein-
halb-Zimmer-Wohnung, parterre rechts; Leiningen (Vogtland), von Greiz ca. 15 km entfernt liegender Ortsteil der Ge-

meinde Gablau, gemietetes einzeln stehendes Nebengehöft
(Küche und Dachkammer).

Wäre es mir möglich, eine solche Dokumentation über einen
Dritten herauszugeben, würde ich auf die Veröffentlichung
dieses Buches gern verzichten. Es geht um die Mechanismen,
nicht um Personen.

Obernzell-Erlau, November 1990   R.K.

Deckname »Lyrik«

Ministerium für Staatssicherheit
Bezirksverwaltung Gera
06.09.1968
Eröffnungsbericht...
Kunze wurde [1964] im Rahmen der analytischen Arbeit unter
Künstlern im Bezirk... überprüft. Die Überprüfung der Person erfolgte mit dem Ziel, seine Verbindungen zu Schriftstellern sowie die nach Westdeutschland und Westberlin operativ zu nutzen. Im Ergebnis wurde festgestellt, daß über *Kunze* operatives Material in der Bezirksverwaltung Leipzig vorlag [1958 bis 1960].
Eine Aussprache mit ihm ergab, daß er für die inoffizielle Arbeit nicht geeignet ist.

[Informationen zwischen 1964 und dem 6.9.1968:]

Gera, den 18.8.1964
Von einer Kontaktperson wurde folgendes über Reiner *Kunze* berichtet: ... Reiner *Kunze* gehöre zu denjenigen Lyrikern, die es strikt ablehnen, an Lyrikabenden teilzunehmen. Er begründet das damit, daß hier eine »Zensur« erfolge, d.h. daß er erst seine Gedichte vorlegen und diese genehmigt werden müßten, ehe er sie lesen dürfe.

Gera, den 1.6.1966
Verbindungen des Reiner *Kunze*... [es folgen 23 Anschriften von Schriftstellern, Verlegern und Schauspielern in der DDR, in der Bundesrepublik Deutschland und in der ČSSR].

Gera, den 30. 08. 67

... Der freischaffende Schriftsteller *Kunze*, Reiner, erhielt vom westdeutschen Merlin-Verlag eine Einladung. Begründet wurde die Einladung damit, daß *Kunze* der Übersetzer einer tschechischen literarischen Arbeit ist, die erstmalig in Westdeutschland herausgekommen sei [Jan Skácel, »Fährgeld für Charon«, Gedichte]. Aus diesem Anlaß habe der Merlin-Verlag den tschechischen Autor und *Kunze* eingeladen. Nach Rücksprache mit Minister Gysi und der Kulturabteilung des ZK der SED wurde die Reise abgelehnt. Quelle: Gen. Dr. Sch..., Deutscher Schriftstellerverband.

Cottbus, den 19. 10. 1970

Reiner *Kunze*, Lyriker aus Greiz. Auf Einladung des Schriftstellerverbandes Cottbus weilte Vorgenannter... im Blechen-Club zu einem Vortrag... Eine klare, eindeutige politische Haltung zu unserer Kulturpolitik ist bei K. vermutlich nicht vorhanden... [Hinter] seinen... Worten »Man darf dem Künstler nicht die eigene Meinung nehmen«... läßt [sich] die Tendenz von der sog. unpolitischen Kunst vermuten... Der IM, in dessen Händen die Leitung des Vortrages lag, und der die Gefährlichkeit dessen Thesen erkannte, bemühte sich mehrmals um die strikte Einhaltung der Tagesordnung.

Berlin, den 23. 05. 1968

... Ludvík *Kundera* ist einer der bekanntesten Lyriker der ČSSR, der neben seiner eigenen lyrischen Produktion Gedichte und Erzählungen der DDR-Schriftsteller *Arendt, Bobrowski, Brecht, Fühmann, Bieler, Kunert, Kunze* und *Huchel* in die tschechische Sprache übersetzte... *Kundera* nahm an dem im Dezember 1964 stattgefundenen Schriftsteller-Kolloquium im Haus des Lehrers in Berlin teil. Im

Verlauf der Diskussion stellte *Kundera* – nach seinen eigenen Worten – »bewußt scharf einige Fragen«, die eine Provokation darstellten. So äußerte er u.a.: »Warum hält man
sozusagen im Hintergrund solche Dichter wie Günter *Kunert* und Reiner *Kunze*? Ich glaube, daß diese und ähnliche
offene Fragen ... den Ruf der Literatur und der Kulturpolitik der DDR stark schädigen.«

Berlin, den 7.06.1968
... *Kunze* fiel 1962 erstmalig im Zusammenhang mit dem
Schriftsteller *Hermlin*, Stephan, operativ an ... Seit den Ereignissen in der ČSSR im September/November 1967 wird
ersichtlich, daß sich *Kunze* auf die feindlichen Kräfte in der
ČSSR stützt und er besonders befürwortenden Anteil an der
feindlichen Entwicklung nimmt. Aus diesem Grund erklärte er sich auch bereit, im Mai 1968 im Haus der Tschechoslowakischen Kultur in Berlin ... Gedichte zu lesen.
Nach der Veranstaltung wurde er mit anderen negativen
und feindlichen Personen durch die Leitung des Kulturhau-
ses zu einem Glas Wein eingeladen. In diesem Kreis wurden
die Ziele der feindlichen Kräfte in der ČSSR diskutiert und
von *Kunze* und den anderen Anwesenden akzeptiert.

Gera, den 27.08.1968
... Die Gedichte des K. sind in der DDR kaum bekannt ...
Es wird eingeschätzt, daß die meisten seiner Werke schwer
bzw. nicht verstanden werden ... Bei einem Seminar ... im
März 1968 für Kulturschaffende und Künstler, an welchem
K. teilnahm, wurde über Probleme in der ČSSR gespro-
chen. K. nahm hierbei [die] Haltung ein, daß er sich gegen
die Ausführungen des Referenten verwahrte ... Hierbei
kam es zu einer Auseinandersetzung, in der K. für die
Schriftsteller der ČSSR eintrat ... Charakterlich wird K. als

ein äußerst sensibler Mensch eingeschätzt, der bescheiden und zurückgezogen lebt... Im Wohngebiet ist K. als ein Einzelgänger... bekannt... Sein Hobby [sind] neben der Lyrik Musik und Malerei... Die Ehe des *Kunze* verläuft in geordneten Bahnen... *Kunze* unterhält zahlreiche Verbindungen zu Schriftstellern in der DDR, ČSSR und in Westdeutschland. Im Einzelnen wurden folgende Verbindungen bekannt: [es folgen 17 Anschriften mit Kommentaren wie »Milan Kundera... Konterr. 21. 8. 68 angefallen«]... Charakteristisch... ist, daß es sich vorwiegend um Personen handelt, die in der Vergangenheit eine negierende Haltung gegenüber der Kulturpolitik der Partei zeigten... Auf die Bevölkerung sind die Einflußmöglichkeiten des *Kunze* aus den schon genannten Gründen gering. Sie erstrecken sich auf... Schriftsteller der DDR... Eine wechselseitige Einflußnahme besteht zu den Schriftstellern in der ČSSR... *Kunze* wird in einem Operativ-Vorlauf nach § 100 [Staatsfeindliche Verbindungen] bearbeitet. [Handschriftlich:] Beschluß... § 106.

Ziel der Bearbeitung:
— Erarbeitung von Materialien, inwieweit die politisch-ideologische Einstellung und die Arbeiten *Kunzes* konterrevolutionäre Zielstellungen zum Inhalt haben.
— Kompromittierung des *Kunze* in Schriftstellerkreisen der DDR und der ČSSR.
— Einschränkung seiner Resonanz...
Maßnahmen:
— Erarbeitung eines umfassenden Persönlichkeitsbildes, um geeignete Kombinationen und Legenden für die Bearbeitung mit IM erarbeiten zu können...
— Ermittlung der Frau des *Kunze* und ihrer Verbindungen zu intellektuellen Kreisen in Greiz...

— Durch die Abteilung ASR [Sicherheit Reisen] ist sicherzu-
stellen, daß wir rechtzeitig über geplante Reisen des *Kunze*
nach Westdeutschland und das kapitalistische und sozialistische Ausland informiert werden.

— Durch Ermittlung in Greiz ist festzustellen, ob der Einsatz
des Referates -O-[Observation] /B-Maßnahme [akustische
Überwachung] möglich ist.

★

Maßnahmeplan (Gera, den 14. September 1968)
Es ist sofort ein Funk (Blitz) an die Hauptabteilung XX...
[zuständig für Bekämpfung politischer Untergrundtätigkeit
und politisch-ideologischer Diversion, Zentrale] zu senden, in
welchem die Möglichkeit der Republikflucht des K. mitgeteilt
wird...
[Es] ... ist zu vereinbaren, daß alle ankommenden und ab-
gehenden Telegramme des K. unter Kontrolle gebracht
werden...
Mit dem Referat -O- ist abzusprechen, daß die Ergebnisse
ihrer Arbeit in kürzesten Zeitabständen ausgewertet
werden.

★

Gera, den 24. September 1968
Die Haltung des K. zu den konterrevolutionären Ereignissen
in der ČSSR wird durch einen an Dr. Bernt *Richter*, Rowohlt
Verlag, Reinbek, gerichteten Brief vom 28. 8. 1968 charakteri-
siert. In diesem Brief schreibt K. u.a.: »Ich höre nahezu un-
unterbrochen den tschechischen Rundfunk. Ich bin in dieser
Woche zehn Jahre älter geworden.« An anderer Stelle
schreibt er: »Aufgrund der neuesten Entwicklung muß ich die
Widmung nochmals korrigieren.« [Widmung des Gedichtbandes »Sensible Wege«] Die [dem Brief] beiliegende Widmung

[Neufassung] hat folgenden Inhalt: »Dem tschechischen Volk, dem slowakischen Volk. 21.8.1968«...

Beweismittel:

    a) offiziell: keine...

    b) inoffiziell: M-Material [M = Postüberwachung]...

    c) Beweisgegenstände: M-Material...

★

Berlin, 24.10.68

...Am 11.10.68 suchte *Kunze* die Redaktion der Zeitschrift »Sibylle« auf und berichtete einer ihm vertrauenswürdigen Person, daß er... in der ČSSR-Botschaft war und dort ein längeres Gespräch mit dem Botschafter hatte. Der Botschafter habe ihm gesagt, daß jetzt alles aus sei. Die ČSSR sei wie im Kriege, vollständig militärisch besetzt. Die Sowjetunion habe damit ihr aggressives, militantes Verhalten unter Beweis gestellt. *Dubček, Smrkovský* u.a. seien nach dem Einmarsch gefesselt auf Lkws abtransportiert worden. Erst nachdem Präsident *Svoboda* in Moskau gedroht habe, sich zu erschießen, um so die Welt... aufmerksam zu machen, hätten die Sowjets nachgegeben und *Dubček* zu den Verhandlungen hinzugezogen. Mit dem Einmarsch in die ČSSR sei die Periode der Koexistenz zu Ende gegangen... *Kunze* zeigte sich... äußerst erregt und erweckte den Eindruck, als ob seit dem 21.8. auch bei ihm aller Lebensoptimismus zusammengebrochen wäre. Auf die Frage, ob er die Tage in Berlin im Hotel übernachtet habe, antwortete *Kunze*, daß er niemals im Hotel übernachten würde, sondern nur privat. Einer nicht überprüfbaren Mitteilung zur Folge hat *Kunze* bei dem Berliner Schriftsteller Günter *de Bruyn* übernachtet. Eine offizielle Auswertung dieser Information kann aus Gründen der Quellengefährdung nicht erfolgen.

★

Berlin, den 11. Oktober 1968
...Freundschaftstreffen im Haus der Tschechoslowakischen
Kultur... Der Einladung gefolgt waren folgende Persönlich-
keiten aus der DDR:

Günter *Kunert* und Frau
Reiner *Kunze* (der eigens aus Greiz angereist war)
Franz *Fühmann*...

Dr. Vápeník kam... auf den Film zu sprechen, der... gezeigt
werden sollte. Er bemerkte..., daß dem Haus eine große Anzahl neuer tschechoslowakischer Filme zur Verfügung stehe.
Aber man habe sich angesichts der allen bekannten Ereignisse
entschlossen, den Film »Maraton« von... Jan *Procházka* zu
zeigen. Dieser Film spreche für sich. Was Dr. Vápeník damit
meinte, kam tatsächlich erst so recht bei diesem Film heraus.
Sein Gegenstand ist der Prager Aufstand vom 8./9. Mai 1945
und die Befreiung durch die... Rote Armee. Ein übrigens
vorzüglich gemachter Film... und politisch ungemein aus-
sagekräftig im Sinne der Freundschaft zur Sowjetunion...
Aber mir scheint, daß gerade darin die Provokation liegt. Es
sollte... dargestellt werden, wie abwegig die Behauptungen in
unserer Presse über... den Antisowjetismus und die... antisozialistische Haltung Jan *Procházkas* sei... Mit diesem Film
sollte unsere Behauptung ad absurdum geführt werden, daß
Jan *Procházka* ein... potentieller Konterrevolutionär sei...
Es war, auf einen Nenner gebracht, eine offizielle Veranstaltung mit einem... konspirativen »Stachel«... (R.)

★

Greiz, den 01.11.68
Am 27.10... hielt ich mich gegen 17.30 Uhr in der Gaststätte
»Kyffhäuser« in Reichenbach... auf und unterhielt mich

dort... Im Laufe des Gesprächs setzte sich ein junger Mann... dazu und... stellte sich vor [es folgen Name, Anschrift und Telefonnummer]... Wir kamen auch auf das Problem ČSSR zu sprechen, und dabei sagte er mir: Er habe gute Beziehungen zu einem jungen Schriftsteller... in Greiz, den Namen konnte ich mir leider nicht merken, und notieren war... unmöglich..., und er sagte..., daß dieser... Schriftsteller gegen die Maßnahmen in der ČSSR ganz klare Stellung bezogen... und deshalb in Greiz sehr viele Schwierigkeiten hätte. Er sagte auch, ...daß dieser... Schriftsteller eine... Schar von Studenten und Oberschülern um sich hätte, die mit ihm... sympathisieren, und er ließ... durchblicken, daß diese jungen Leute nicht gewillt sind, diese Dinge in der ČSSR widerspruchslos hinzunehmen... (M...)

★

Berlin, 23.5.69

Inoffiziell wurde bekannt: Der soeben erschienene Gedichtband »Sensible Wege« von Reiner *Kunze* stellt eine politische Provokation gegenüber unserem Staat und seiner Politik dar. Die in diesen Gedichten bezogene Position des Autors muß als weit negativer als die bisher bekannte Position eingeschätzt werden. Aus den Gedichten werden im Wesentlichen drei Thesen sichtbar, die der Verfasser vertritt: 1. Die DDR ist ein großes Gefängnis, worunter nicht nur die Beschränkung der Bewegungsfreiheit, sondern auch eine Einengung des geistigen Lebens und der Entwicklung der Persönlichkeit und des Talents verstanden wird. Charakteristisch sind dafür die Verse aus dem Gedicht mit dem bezeichnenden Titel »Kurzer Lehrgang«:

Dialektik

Unwissende damit ihr
unwissend bleibt

werden wir
euch schulen

Ethik

Im mittelpunkt steht
der mensch

Nicht
der einzelne

Solche Auffassungen finden sich in den meisten Gedichten des
Bandes wieder. 2. Die Kulturpolitik der DDR ist eng und dog-
matisch. Sie ist gegen die Entwicklung der Kunst gerichtet.
Beispiel »Lied vom Biermann«:

Biermann sei ihrmann?
Achwas!
  Mann ist mann bier ist bier
  Biermann kam von dort nach hier...

3. Sympathie für revisionistische und konterrevolutionäre
Auffassungen. Beispiel »Rückkehr aus Prag – Dresden früh-
jahr 1968«:

Eine lehre liegt mir auf der zunge, doch
zwischen den zähnen sucht der zoll

Selbst scheinbar eindeutige und harmlose Gedichte wie
»Puschkins Michailowskoje« werden umgebogen. Beim Be-
trachten von Puschkins Garten heißt es:

Wer immer
die angreifer wären hier jetzt zum gegner hätten sie
mich

Wer immer einfallen wird
in die offenen gärten der dichter

Im genannten Gedichtband finden sich nur vereinzelt und
ganz allgemein gehaltene Zeilen gegen den Imperialismus,
und selbst diese enthalten Bezüge gegen die DDR... Der IM
teilte mit, daß *Kunze* mit vorliegendem Band... eindeutig gegen die Statuten des Deutschen Schriftstellerverbandes ver-
stoßen habe und sein Ausschluß aus dem Schriftstellerverband
gerechtfertigt sei... Erste Maßnahmen:... Beschaffung von
2 Exemplaren des Gedichtbandes durch IM in Westberlin.

★

Werdau, den 5.6.1969
Inoffiziell wurde bekannt, daß in Greiz ein sogenannter Eng-
lisch-Club existiert. In diesem Club trägt der Lyriker Reiner
Kunze seine Gedichte vor... Dieser Club wird von einer...
Dame, ca. 75 Jahre alt, geleitet... Zu diesem Club gehören
etwa 15 Personen, darunter die Studentin W... Die W.
brachte... zum Ausdruck, daß man dort sich endlich einmal... richtig unterhalten... und auch politische Gespräche
führen kann, ohne Gefahr zu laufen, gehört zu werden, weil
diese in der englischen Sprache geführt werden... Bei der
Auswertung des Berichtes bitten wir zu beachten, daß die
W. nur gegenüber unserem IM diese Äußerung gemacht
hat.

★

Berlin, den 14. 11. 1969

Nach dem Schriftstellerkongreß wurde durch den Schriftstellerverband eine längere Diskussion mit Reiner *Kunze* über seinen Gedichtband »Sensible Wege«... geführt. Die Diskussion zeigte, daß Reiner *Kunze* nicht bereit ist, die Kritik des DSV anzunehmen. In dieser Situation versucht besonders der Schriftsteller Paul *Wiens* sich mit Reiner *Kunze* zu solidarisieren – zwar nicht in öffentlichen Erklärungen, er hat aber *Kunze* besucht in Greiz.

Magdeburg, den 19. Mai 1970

Literarische Veranstaltung am 12. 05. 1970... auf der Podiumsbühne des Großen Hauses der Bühnen der Stadt Magdeburg... Da bekannt ist, daß der K. eine sehr seichte Einstellung zu den Problemen der Kunst hat und diese sich auch in seinen Werken ausdrückt, war vonseiten der Bezirksleitung der SED... erst vorgesehen, diese Veranstaltung zu sperren. Von dieser Absicht wurde aber Abstand genommen. Die Karten [wurden] aufgekauft und nach einem bestimmten Schlüssel... verteilt. Der Personenkreis setzte sich zusammen aus Genossen

der Bezirksleitung der SED,

des Rates des Bezirkes,

der Bezirksleitung der FDJ...

Anwesend waren ca. 40 Personen. Nach der Vorstellung [des Autors] war anhand der einleitenden Worte des K. zu vermuten, daß ihm bewußt war, aus welchen Personenkreisen sich die Gäste... zusammensetzten... Eine eindeutige Stellungnahme zur realistischen Kunst... in unserem sozialistischen Gesellschaftssystem fehlt[e] gänzlich... Um das Neue und Moderne der Musik zu begreifen, hat er extra mit einem Leipziger Musiker Bekanntschaft geschlossen. [Letzter Satz ist

von Hand unterstrichen. Daneben handschriftlich:] Wer ist
das?

★

Gera, den 26. 06. 70
... Zur Präzisierung des Maßnahmeplanes ... sowie zur Bestä-
tigung der ... operativen Version werden folgende Informatio-
nen benötigt:
— Angaben über [die] finanzielle[n] Verhältnisse [des K.],
... Kontostand und Kontenbewegung
— Hinweise auf eventuelle Kurierwege nach Westdeutsch-
land
— Alles, was über die Familie bekannt wird, Verhalten seiner
Ehefrau und Tochter
— Informationen über sämtliche, auch geringfügige Geset-
zesverletzungen durch K ...
— Äußerungen, die irgendeine Person über K. macht
— Einschätzung der charakterlichen und moralischen Seite
von K. unter eventueller Zuhilfenahme inoffizieller Kräfte
— Informationen über jede einzelne offiziell oder inoffiziell
bekanntgewordene politische Äußerung des *Kunze* ...
— Aufklärung der Person Paul *Celan*, Schriftsteller, unlängst
in Paris durch Selbstmord gestorben ...
— Alles, was über Versuche *Kunzes* bekannt wird, durch die
Anwendung kirchlicher Motive und Ausdrucksweisen in seinen Werken unseren Staat anzugreifen
— Nach Einleitung der Maßnahme A [Abhören des Telefons]
sämtliche anfallende Berichte [Die erste Niederschrift eines
abgehörten Telefongesprächs trägt jedoch bereits das Datum
10. 9. 68]
— Nach Erweiterung der M [Post]-Kontrolle Anfertigung
von Kopien sämtlicher an *Kunze* gerichteter und von ihm ver-
schickter Post ...

Ergänzung: KK Juni 1970
... Anfang 1970 unternahm K. einen Versuch, durch die Zusendung von in Westdeutschland verlegten Gedichtbänden die Leitung des Deutschen Schriftstellerverbandes zu beeinflussen.

Merseburg, den 27. 07. 70
... Am 18. 07. 1970 wurde ... bekannt, daß ein gewisser Schriftsteller *Kunze* in Ihrem Verantwortungsbereich feindlich in Erscheinung getreten sein soll. Der K. soll u. a. den westdeutschen Literaturpreis erhalten haben. Da ein Angehöriger der evangelischen Studentengemeinde in Merseburg... operativ bearbeitet wird und... beabsichtigt, den *Kunze* nach Merseburg zu holen, bitten wir um... Einschätzung des Schriftstellers.

★

Kreisverwaltung SNB – Verwaltung Staatliche Sicherheit Ústí nad Labem [Aussig an der Elbe, Tschechoslowakische Sozialistische Republik], 11. November 1970
Kunze, Reiner, Staatszugehörigkeit DDR – Einschätzung:
... Anfangs, bei der Eröffnung des Abends [5. 11. 1970], sprach *Kunze* immer tschechisch... Später in Deutsch, was seine Frau... übersetzte...
   [In Aussig vorgelesener Text:
   Forstarbeiter
   »Herr Doktor?«
   »Ich bin nicht der Herr Doktor.«
   »Ach so.« Der Mann, der im Dunkeln über den Zaun gerufen hatte, ging in die Laube nebenan zurück, wo man bei

Harmonikamusik saß und ab und zu schallend lachte.

Obwohl ich kaum noch etwas sah, mähte ich weiter. Ich war hier, um ein Buch zu Ende zu schreiben, und da der Arzt, dem das Wochenendhaus gehört, den Besuch seiner Frau und zweier Enkel angekündigt hatte, wollte ich die Wiese geräumt haben. Wenn das Sensenblatt einen Stein streifte, schlug es Funken.

»Herr Doktor?« Wieder stand der Mann am Zaun.

»Ich bin nicht der Herr Doktor.«

»Na, da komm doch du mal rüber, verdammich!« – Ich trug Sense und Wetzfaß unter das Vordach und ging hinüber. Die Anzahl der leeren Flaschen auf dem Tisch ließ den Promillegehalt des Blutes erahnen, das hier kreiste. Man rückte noch enger zusammen, und die Frauen kreischten.

»Nun sag mir nur mal, was machst denn du da drüben?« fragte der Mann, der an den Zaun gekommen war und den ich unlängst mit einem Gespann hatte Holz schleppen sehen. »Ackerst du oder mähst du?«

Alle lachten.

»Gib's zu, du hast geackert! Das war doch ein Krachen und Blitzen!«

Er solle mich in Ruhe lassen, sagte der Hausnachbar. Das sei stellenweise Schuttgrund, er selbst habe damals den Bruch mit hingekippt... Außerdem sei ich Schriftsteller.

»Was bist du – Schriftsteller?« fragte der Gespannführer. Und unvermittelt laut: »Hast du Hunger?«

Mit soviel Schlüssigkeit hatte sich noch nie jemand nach meinen leiblichen Bedürfnissen erkundigt.

»Trautel« – er drehte sich nach der Frau um, die den Konsum leitete – »Trautel, hol ein Glas Wurst rüber, eins von den großen, der kriegt von mir ein Glas Wurst, der hat Hunger!«

Die Frau nahm die Aufforderung nicht ernst und lachte mir zu.

Er aber bestand darauf, daß sie mir ein Glas Wurst bringe, und so zuckte sie mit den Schultern und zwängte sich an den Knien der anderen vorbei. Sie war bereits an der Tür, als er plötzlich sagte: »Das heißt – wart mal, ich will ihn erst noch was fragen.« Die anderen lärmten, und er schlug mit der Faust auf den Tisch. »Seid nur mal ruhig!« Dann blickte er mich von der Seite an. »Schreibst du's, wie's in der Zeitung steht, oder wie's im Leben ist?«]

Er erzählte ... auf poetische Art: Es waren ein paar Arbeiter und mähten Gras. Näher betrachtet war das ein Trümmerhaufen, und die Sensen klirrten, weil dort lauter Steine waren. Kommt man näher, sieht man einen Zaun, und dahinter einen Kopf. Man vermutet einen Doktor, [der] ... aber keiner ist. Nach mehrmaligem Anrufen kommt die Frage zurück, ob er die Wiese umpflügen soll. Bei der Unterhaltung beim Tanz wird er in die Gartenlaube eingeladen. Dort ist eine Arbeiterin und fragt ebenfalls, ob er ein Doktor ist, was er verneint ... Es kommt die Frage, ob er Hunger hat. Da kommt zurück: Haben Schriftsteller auch Hunger? Nachdem nun Schriftsteller auch Hunger haben, wird einer ins Gasthaus gerufen, und für ihn [wird] Wurst bestellt. Plötzlich jedoch sagt der [Da]zugekommene: Was schreibt die Zeitung, schreibt sie die Wahrheit?

Und wieder gab es unter den Teilnehmern ein höhnisches Lächeln ... *Kunze* ist ... gegen die Partei tätig und hegt feindliche Absichten.

★

Kultur- und Informationszentrum der DDR in der ČSSR
Prag, den 14. 12. 1970
... Mitte November nahm Gen. J ... an einer Veranstaltung

teil. Auf dieser Veranstaltung sprach der Lyriker Reiner *Kunze*. Die Veranstaltung fand im Kulturhaus Ústí statt. *Kunze* führte die Veranstaltung in tschechischer Sprache durch und erzählte u.a. folgende... Geschichte...:

Kunze geht im Wald spazieren und trifft Waldarbeiter. Auf die Frage, was er macht, antwortet er, er dichte. Die Waldarbeiter fragen ihn, ob er die Wahrheit schreibt, [und er] antwortet... mit ja. Auf diese Antwort hin wird er eingeladen, an einem Frühstück teilzunehmen. Dabei kommt es zu einem Gespräch, in dessen Verlauf er gefragt wird, ob... die Zensur herrscht. Er antwortet mit nein. [Gemeint ist vermutlich: »Er antwortet mit ja.«] Daraufhin wird er von den Waldarbeitern gefragt, wieso er dann die Wahrheit schreiben könne. Er antwortet darauf, wir schreiben alle so, daß man unsere Sachen herausgibt. Auf die Frage, ob er Rezensionen seiner Werke aus dem Westen bekommt, antwortet er nein, wir dürfen keine Verbindung mit dem Westen haben, nur der Verlag schickt ihm solche Rezensionen.

Von Gen. J. wurde die Frage aufgeworfen, wie es möglich... [ist], daß *Kunze* so eine Veranstaltung durchführen konnte...

Botschaft der Deutschen Demokratischen Republik
Politische Abteilung   Prag, den 14. 12. 1970

Zentralkomitee der SED
Leiter der Kulturabteilung
Gen. Dr. Arno Hochmuth
Berlin

...Wie... ersichtlich ist, trat der Lyriker Reiner Kunze... in Ústí n.L. in einer öffentlichen Veranstaltung auf, in der er politisch sehr fragwürdige Texte vortrug... Das Auftreten

Reiner Kunzes ist dem von der KPTsch geführten Kampf
um die politische Konsolidierung in der ČSSR abträglich...
Ich empfehle, diesen Vorgang mit der Leitung des Schriftstellerverbandes auszuwerten, um geeignete Maßnahmen
zu treffen, daß ähnliche Privatinitiativen künftig verhindert
werden.

★

[Handschriftlich]
Beratung Hauptabteilung XX..., 20. 1. 71
— K. in DDR Schwerpunktvorgang
— konzentriert daran arbeiten...
Methode: Getippte Leute werden operieren!...
— Einschreiben aus der Schweiz nicht konfiszieren, alle
anderen ja!...
— Kirche!
— prüfen, ob es nicht möglich wäre, so zu täuschen, daß es
ein Auffangbecken für negative Kräfte...
— Welche christlichen Kulturschaffenden gibt es im Bezirk,
die auch als IM... in Frage kämen
— Isolieren von Kirche Wie! best[immte] Sachen ihr in die
Schuhe schieben

★

Gera, den 10. Februar 1971
Durch... operative Maßnahmen über die Abt. M wurde be-
kannt, daß ein gewisser
   Harijs *Skuja*
   SSSR Riga-56
   Tirzas iela 3 dz 245
eine Poesieauswahl der DDR in lettischer Sprache herausge-
ben will. In dieser Poesieauswahl sollen auch Gedichte des

Kunze veröffentlicht werden. Wir bitten, über die Diensteinheit der Freunde [Sicherheitsorgane der Sowjetunion] zu veranlassen, daß:

1. die Person Harijs *Skuja*... aufgeklärt, der Charakter der Verbindungen zu *Kunze* und eventuelle Hintergründe ermittelt und das Ergebnis uns übersandt wird;

2. verhindert wird, daß die Gedichte des *Kunze* aufgrund ihres staatsverleumderischen und antisozialistischen Charakters... in der UdSSR veröffentlicht werden...

★

Operativer Maßnahmeplan (Gera, den 25. Februar 1971)

...Ziel der Bearbeitung:

— zu verhindern, daß der Einfluß des K. auf Personenkreise in der DDR und der ČSSR zunimmt...;

— daß... zersetzende Maßnahmen im Wirkungskreis des K. durchgeführt werden;

— in das Verbindungssystem des K. einzudringen und dieses zu entlarven;

— den Vertrieb und die Verbreitung feindlicher Literatur, die *Kunze* schreibt, in der DDR und im Ausland zu unterbinden und... zu dokumentieren.

...Da es die gegenwärtige politische Situation nicht ermöglicht, den K. wegen seiner schrifstellerischen Tätigkeit strafrechtlich zur Verantwortung zu ziehen, ist... zu prüfen, inwieweit *Kunze* nach den §§ 97 [Spionage], 98 [Sammlung von Nachrichten] und 100 [Staatsfeindliche Verbindungen] bzw. nach kriminellen Delikten zur Verantwortung gezogen werden kann.

In der operativen Bearbeitung [sind]... der subjektive Tatbestand und die Zielstellung nachzuweisen und evtl. Verbindungen zu Zentren der politisch-ideologischen Diversion herauszuarbeiten...

Operativ-technische Maßnahmen:
... Postzollfahndung, Paketkontrolle und Erweiterung der M-Kontrolle...
Fahndungsmaßnahmen zur Kontrolle der Reisetätigkeit des *Kunze* sowie einreisender Personen aus der ČSSR...
Registrierung der operativ interessantesten Personen im Operativ-Vorgang, die innerhalb der DDR zu *Kunze* Verbindung haben...
Überprüfung und Erfassung aller Personen des kapitalistischen Auslandes, besonders Westdeutschlands und Westberlins, die zu *Kunze* Verbindungen unterhalten...
Politisch-operative Maßnahmen:
... Analysierung der Verbindungen *Kunzes* und der Ehefrau in die ČSSR und Herausarbeitung der Auftraggeber *Kunzes* zur Übersetzung von literarischen Werken. Einleitung von Maßnahmen... zur Aufklärung der Verbindungen durch die Sicherheitsorgane der ČSSR. Einflußnahme durch die staatlichen bzw. Sicherheitsorgane der ČSSR zum Abbruch dieser Verbindungen bzw. der Verträge...
Umfassende Aufklärung der... Ehefrau, Elisabeth *Kunze*...
Schaffung von IM-Möglichkeiten im Wohngebiet des K.
zur Beobachtung und Aufklärung der Besucher bei *Kunze*...
Analysierung der Verbindungen zu den Verlagsangestellten in Westdeutschland und Westberlin... mit dem Ziel der operativen Kontrolle, inwieweit diese beim Ministerium für Staatssicherheit bekannt bzw. [ob] operative Hinweise vorhanden sind...
Einleitung der Reisesperre des *Kunze* für alle Länder, nachdem die Maßnahmen über die Sicherheitsorgane der ČSSR... realisiert wurden...
Komplexauftrag... für die Bezirksverwaltungen, in deren Verantwortungsbereich *Kunze* auftrat, ... Nachermittlungen

zur Person *Kunze* zu führen und sein Auftreten in diesen Bezirken zu verhindern...

In Koordinierung mit der Diensteinheit *Freunde* ist zu veranlassen, daß die Gedichte *Kunzes* nicht zur Veröffentlichung in der UdSSR gelangen...

In Koordinierung mit... Jena ist zu prüfen, inwieweit durch eine offizielle Person der Universität Jena Gutachten über die Werke... des *Kunze* angefertigt werden können. Diese Gutachten sind im Vorgang zu dokumentieren...

Alle Hinweise, die über das Auftreten des *Kunze* bekannt werden, sind zu dokumentieren, um zielgerichtete Maßnahmen der Zersetzung einzuleiten. Diese... sind zur Erhöhung ihrer Wirksamkeit schwerpunktmäßig aufeinander abzustimmen.

★

Greiz, den 02.02.1971
Reiner *Kunze* verwies darauf, daß es zu einem Gespräch im Februar kommen könnte, ...weil im Februar der von Dr. H... eingeladene Dichter... Volker *Braun*... nach Greiz kommt und im Club Alexander von Humboldt eine Lesung... durchführt. Es ist zu erwarten, ...daß sich dort Kreise zusammenfinden werden, die die Querverbindung *Kunze – Braun* zu ihren Gunsten auslegen werden. Es ist bekannt, daß Volker *Braun* mit Reiner *Kunze* eng befreundet ist, und daß sie sich auch in der Vergangenheit besucht haben. (»D.«)

★

Greiz, den 1.4.1971
...Die...Deutschlehrerin... sagte mir..., sie wäre schockiert darüber, daß ihre Schule die Genehmigung gegeben hätte für einen Besuch von Volker *Braun*, ...der am 25. Februar im kleinen Theatersaal eine Lesung durchgeführt hat...

Sie hätte im Unterricht gemerkt, daß der ganze Abend Volker *Braun* die Schüler nur in größere ideologische Unklarheiten gestürzt hätte, und daß sie... große Diskussionen... wegen der schlechten (nach meiner Auffassung allerdings gezielten) Auswahl der Gedichte zu klären hatte... Es wurde mir weiterhin gesagt..., daß Volker *Braun*... anschließend mit Reiner *Kunze*... nach Kottenheide (Klingenthal) fahren würde und Interesse hätte, sich dort auch mit mir zu unterhalten. Ich werde nicht abgeneigt sein,... um... zu erfahren, wer in diesem internen Kreis der Literaten vertreten ist. (»D.«)

Berlin, den 5. 4. 1971
... Entsprechend Ihrer Anfrage wurden von den sowjetischen Sicherheitsbehörden Ermittlungen zu *Skuja*... geführt. Aus diesen Ermittlungen geht hervor, daß *Skuja* 1927 geboren und als Schriftsteller tätig ist. Er... wurde in der Vergangenheit wegen antisowjetischer Hetze verurteilt... Eine Veröffentlichung der Gedichte von *Kunze* in der LSSR ist nicht vorgesehen... Es wird um Mitteilung gebeten, wenn Ihrerseits erneut Aktivitäten des *Kunze* festgestellt werden, um Gedichte in der UdSSR oder in anderen Ländern zu veröffentlichen.

Halle/Saale, den 03. 05. 1971
Evangelische Studentengemeinde am 28. 04. 1971
Den Lyrikabend gestaltete Herr *Kunze*, ein Lyriker. Anwesend waren 400–500 Studenten (der große Saal der Stadtmission reichte nicht aus, es waren zusätzlich Stühle erforderlich)... Nach [der] Einführung las der Dichter... aus dem Zyklus »Einundzwanzig Variationen über das Thema ›Die Post‹«. Diese Verse waren einigen Anwesenden schon von

früheren Veranstaltungen her bekannt, so daß die Ankündigung mit lautem Beifall begrüßt wurde... Den Abschluß dieses Teiles bildete ein Vers folgenden Inhaltes: Eines Tages wird jemand bei mir klingeln und sagen: Ich bin der Briefträger... Ich werde jedoch die Verkleidung durchschauen und sagen: Warte, bis der richtige Briefträger... vorbei ist... Den Inhalt dieses Verses verstand ich nicht, und [ich] sprach deshalb nach Beendigung der Veranstaltung noch im Puschkin-Haus mit einigen Studenten darüber und erhielt folgende Antwort: Jemand, der solche Sachen schreibt, weiß, daß es eines Tages klingelt und heißt: mitkommen! Das meint er. – Im nun folgenden Teil... las der Autor unveröffentlichte Werke... Bei diesem Teil gab es nach einigen Gedichten Extrabeifall... Abschließend wurde der Dichter gebeten, einige Gedichte zu wiederholen, was er... tat... Im Puschkin-Haus war die Meinung der Studenten: ... Viel zu wenig haben das gehört.

★

20. 05. 71
IMS »A.« wäre in der Lage, ... den Lyriker *Kunze* über seinen Sohn [es folgen Vorname und Name, Greiz] zu sich einzuladen. In diesem Gespräch äußerte... der IMS auch, daß der Volker *Braun* mit ihm verwandt sei.

★

Bemerkungen zu dem Gedichtband »Sensible Wege« von Reiner Kunze [Gutachten eines Germanisten der Friedrich-Schiller-Universität Jena]
Schon der Klappentext offenbart, daß es sich um Gedichte handelt, die in der BRD (in bestimmten Kreisen) auf ein großes Interesse stoßen, weil sie aus der sozialistischen Literatur der DDR herausfallen und nach neuen Außenwelt-Erfahrungen suchen... R. Kunze verzichtet in vielen seiner Gedichte

auf einen historisch konkreten Bezug, so daß sich der Leser aussuchen kann, was gemeint ist, worauf angespielt wird und für welche Zeit es zutreffen soll, beispielsweise in... »Hymnus auf eine Frau beim Verhör«. Letzteres kann auf jede beliebige Zeit angewendet werden, auch und eben auf ein Verhör in der DDR. In dem Gedicht »Kurzer Lehrgang« ist unter dem Zwischentitel »Ethik« das persönliche Dilemma des Autors... ausgesprochen. Der Mensch stehe zwar im Mittelpunkt, aber nicht der einzelne... Welch ein Unsinn!... »Das Negativ... in uns« sei nicht retuschierbar..., meint R.K. und will damit sagen, daß viele DDR-Bürger im Innern ihres Herzens, ihrer Gefühle und Gedanken Vorbehalte, Zweifel und Antipathie gegen die sozialistische Entwicklung der DDR hegen... Untermauert wird diese meine Interpretation durch das Gedicht »Die Antenne«..., wo beschrieben wird, wie die Westantenne in den Kopf flüchtet, weil sie dort vorerst in Sicherheit ist. In den Gedichten zeigt sich insgesamt eine Lebensfremdheit, das Nichtbegreifen oder Nichtbegreifenwollen unserer gesellschaftlichen Entwicklung, ... der ČSSR-Ereignisse und der internationalen Hilfe der verbündeten sozialistischen Länder, zeigt sich die Vereinzelung und das Abgeschiedensein des Autors von der Arbeit und dem Kampf um Frieden und Glück.

Jena, den 25.5.1971
(Unterschrift)

★

[Handschriftlich]
Für die Anfertigung eines Gutachtens über den Gedichtband »Sensible Wege«..., Operativ-Vorgang »Lyrik«, Reg. Nr. X/514/68, wurden 50.– M verausgabt.
Quittung
MDN 50.–

für Gutachten Kunze ... erhalten zu haben, bescheinigt hiermit

Jena, den 28.5.1971
(Unterschrift)

★

Greiz, den 11.10.1971

Reiner *Kunze* befindet sich nach wie vor ... wenig zu Hause und ist meist in Kottenheide im »Landsitz« von *Stadtmanns*, um dort zu schreiben ... *Kunze* fühlt sich diesen Kräften wie der Frau *Stadtmann* und *Schadwill* [Kirchenmusikdirektor in Greiz] gegenüber dankbar, weil sie ihn 1968 moralisch sehr unterstützt haben. Frau *Stadtmann* hat dabei nicht nur auf *Kunze* großen Einfluß, sondern ... auch ... auf Jugendliche ... Beispielsweise ermöglichte sie dem jungen Ehepaar *Ullmann* [es folgt die Anschrift] mehrfach eine Woche Urlaub in Kottenheide. (»D.«)

★

Gera, den 21.10.1971

[An die] Kreisverwaltung für Staatssicherheit Karl-Marx-Stadt

... Inoffiziell wurde bekannt, daß sich *Kunze* des öfteren in der Ortschaft Kottenheide im Kreis Klingenthal aufhält ... Als Aufenthalt benutzt er ... [das] Wochenendhaus einer Familie *Stadtmann* ... *Stadtmann* ist Arzt und besitzt eine Praxis in Greiz ... Es wird vermutet, daß *Kunze* auch Zusammenkünfte mit ... »gleichgesinnten« Schriftstellern ... in einer Art »Freundeskreis« vorbereitet und durchführt. *Kunzes* Werke ... tragen ausschließlich – teils offen und teils versteckt – antisozialistischen Charakter ... Aus vorgenannten Gründen bitten wir um ... Unterstützung bei der Aufklärung nachstehender Fragen: 1. Wo befindet sich das Wochenendhaus des Greizer Arztes *Stadtmann* in Kottenheide? (Örtliche Lage,

Bewohner, Nachbarn u.a.) 2. Was ist über den Schriftsteller Reiner *Kunze* in Kottenheide bekannt? 3. Überprüfung und Einsatz von IM zur Beobachtung und Aufklärung des Aufenthaltes von *Kunze* in Kottenheide. Dabei interessieren besonders:

— Ort und Zeit des Aufenthaltes bzw. der Zusammenkünfte des K.

— Welcher Personenkreis trifft sich mit K. in Kottenheide? (...PKW-Kennzeichen, Personenbeschreibung u.a.)

Gera, 17.4.1972
Im Westberliner »Tagesspiegel«... wird ein Interview des stellv. DDR-Kulturministers Bruno *Haid* ausgenutzt, um am Beispiel des R. *Kunze* zu beweisen, daß die Kulturpolitik der SED gegenwärtig »schwankend« ist... Genannte Beispiele zeigen die Komplikation in der operativen Bearbeitung des K.

[Handschriftlich]
Gera, den 2.6.72
Bei einem Anleitungsgespräch... wurde mit dem... Referat »Universität« folgendes festgelegt:
...alle der Evangelischen Studentengemeinde / Sektion Theologie angehörenden IM [werden] beauftragt... festzustellen, wie und auf welchem Wege *Kunze* zum...»Jenaer Frühling« eingeladen wurde;
...einen IM aus genanntem Kreis zur weiteren Bearbeitung des *Kunze* einzuführen.

Gera, 02. August 1972

Nach Durcharbeitung des Operativ-Vorganges »Lyrik« und der anderen dazugehörigen Materialien gelangt die Abteilung IX [Untersuchungsabteilung, Vernehmungen] zu der Feststellung, daß keine strafrechtlich relevanten Handlungen sowohl staatsfeindlichen Charakters als auch auf dem Gebiet der allgemeinen Kriminalität durch den Verdächtigten vorliegen.

Diese Feststellung steht nicht im Widerspruch zur völlig übereinstimmenden Meinung der Abteilung IX mit der vorgangsbearbeitenden Fachabteilung, daß der Verdächtigte seit Jahren mit zunehmender Tendenz eine ablehnende Haltung zur gesellschaftlichen Entwicklung in der DDR und anderen sozialistischen Ländern bezog und seine literarischen Werke objektiv geeignet sind, auf bestimmte Personenkreise einen negativen, der Sache des Sozialismus abträglichen Einfluß auszuüben.

Die Erfüllung der Tatbestände der staatsfeindlichen Hetze (§ 106 StGB) erfordert unter anderem auch den Nachweis, daß der Verdächtigte mit der Herstellung und Verbreitung seiner dichterischen und schriftstellerischen Arbeit das Ziel verfolgt, die sozialistische Staats- und Gesellschaftsordnung der Deutschen Demokratischen Republik zu schädigen oder gegen sie aufzuwiegeln. Diese Nachweisführung konnte in der bisherigen Vorgangsbearbeitung weder offiziell noch inoffiziell erbracht werden.

Eine solche Zielstellung läßt sich auch nicht aus den vorliegenden Arbeiten des Verdächtigten entnehmen, weil diese keinen Bezug auf eine bestimmte Gesellschaftsordnung oder auf einen konkreten historischen Zeitabschnitt nehmen und dadurch mehrdeutige Auslegungen zulassen...

★

Gera, den 6.10.1972
Im Ergebnis der Absprache wurde festgestellt, ... daß alle
Maßnahmen im »Falle *Kunze*« von staatlicher Seite »zentral«
durchgeführt werden... Dieser Sachverhalt erschwert eine
zielgerichtete politisch-operative Vorgangsbearbeitung, da die
Linie der Parteiführung im Prozeß der Auseinandersetzung
mit *Kunze* nicht bekannt ist...
In Westdeutschland wurde *Kunze*... in breiterem Maße publiziert. Sein Gedichtband... »Zimmerlautstärke«... charakte-
risiert erneut die antisozialistische Haltung des *Kunze* zur
DDR und zur Sowjetunion.

★

Ermittlungsergebnis (Greiz, den 10.12.1972)
Zur Person H... wäre zu sagen, daß man ihn zu einer operativen Aufgabe in Leiningen verwenden könnte... Ich... habe
diesen schon öfters als Quelle benutzt... H. kann das Grundstück des K. voll u. ganz übersehen, weil es von seinem
Grundstück... ca. 80 m entfernt ist... H. könnte auch seine
Ehefrau verwenden, wenn er zur Arbeit ist... Die Quelle
teilte mir noch mit, daß die elektrische Anlage in dem Grundstück des *Kunze* ein gewisser M... mitgemacht hätte. Der
M. ist bei einem privaten Elektrikermeister in... Greiz tätig.
Diesen könnte man über dritte Person auch ausnutzen, wenn
man wissen will, was in diesem Haus alles drin ist. Die Schwe-
ster des... M. ist mit dem Genossen von der Wache der
Diensteinheit Greiz... verheiratet.
Zur Kontrolle des *Kunze* im Wohngebiet könnte man... noch
ausnutzen: Genossen R..., wohnt einen Hauseingang vor
Kunze u. kann beim Öffnen des Fensters den Hauseingang
Nr. 10 genau übersehen. Genossen H..., 68 Jahre alt, Rent-
ner, wohnt schräg gegenüber und hat in meinem Beisein den
Kunze... verurteilt. H. ist viel zu Hause u. abends immer und

kann den Hauseingang von *Kunze* zu jeder Zeit beobachten... Genossen und Genossin F..., ca. 65–70 Jahre alt, ...genau gegenüber. Bei der Ehefrau handelt es sich um die Schwester von H. F., der beim Ministerium für Staatssicherheit in Gera eine Diensteinheit leitet.

★

Karl-Marx-Stadt, 7. 2. 1973
Inoffiziell wurde bekannt, daß der *Fuchs*, Jürgen, ... weiterhin Gedichte des... Reiner *Kunze* verbreitet... *Fuchs* übersandte der Quelle eine Sammlung von Gedichten des *Kunze*. Er schreibt dazu, *Kunze* dürfe nicht in Vergessenheit geraten. Er verweist auf eine Veröffentlichung des Lyrikers Paul *Wiens* im »Sonntag« über *Kunze*: »Der Dichter bedarf keiner Vorstellung, doch vielleicht die folgenden Gedichte. Nehmt sie bei jedem ihrer Worte, nehmt sie aufmerksam auf, sie verdienen es.«
Dem habe *Fuchs* nichts hinzuzufügen.

★

Karl-Marx-Stadt, 7. 2. 1973
Inoffiziell wurde bekannt, daß die Studentin Rita P..., TH Karl-Marx-Stadt, im Besitz von Gedichten des Schriftstellers Reiner *Kunze* ist und diese an Interessenten weitergibt.

★

21. 02. 1973
Uwe K... kam im Laufe des [Lesebühnen-]Abends mit [der] Mitteilung, daß *Kunze* lt... Deutschlandfunk demnächst bei Reclam in der DDR erscheinen wird... Er sagte, daß es keinen Zweck mehr habe vorzubestellen... Die Leute würden alle *Kunze* vorbestellen.

★

Gera, den 18. April 1973
Im Zusammenhang mit dem Lyrikband [»Brief mit blauem
Siegel«] und seiner Herausgabe durch Reclam konnte eine bestimmte Hektik festgestellt werden. Auch hier konnte durch
die Abt. 26 [u.a. Telefon- u. akustische Überwachung] ermittelt werden, daß ... die Veröffentlichung »doch noch auf Mes-
sers Spitze« stand, und daß dies mit dem »Stellungswechsel«
in der Führung [Wechsel Ulbricht–Honecker] zusammen-
hängt ... Abschließend kann eingeschätzt werden, daß ...
keine Wandlung des *Kunze* ... zu erkennen ist.

★

Protokoll (Gera, den 23.4.73)
... die IM sind in die ... Bereiche und Institutionen zu orien-
tieren, von wo aus die Kontakte mit *Kunze* hergestellt und
aufrechterhalten werden (z.B. Deutscher Schriftstellerverband, Ministerium für Kultur, Verlage ... usw.).
... über dessen Staatssekretär und stellv. Minister für Kultur,
L..., wird laufend über den Stand der Gespräche mit *Kunze*
informiert ... Unsere Diensteinheit wird von geplanten Maßnahmen in Kenntnis gesetzt.
... über den Leiter des Reclam-Verlages Leipzig, M..., wird
der Informationsbedarf unserer Diensteinheit hinsichtlich des
Engagements *Kunzes* ... mit dem Reclam-Verlag gedeckt.

★

Greiz, den 23.04.73
Kunze war vom 27.02. bis 09.03.73 allein im Wochenendhaus
und hat dort scheinbar gearbeitet. An den Abenden soll er
sich in dem Zimmer im ersten Stock aufgehalten haben, denn
bis gegen 22.00 Uhr, an einigen Tagen auch bis gegen

22.30 Uhr, brannte dort... Licht... Von dem H. und seiner Ehefrau wurden... keine fremden Personen festgestellt... Koll. H. hat bei Abwesenheit [Kunzes] das am Haus befindliche Kabel untersucht und dabei festgestellt, daß es sich um ein 8 cm starkes Gummikabel handelt und es sich...um eine Erdleitung handeln kann.

★

Gera, den 08. 05. 1973
Mit der Hauptabteilung XX... und der Volkspolizei wird die Entscheidung über die Genehmigung einer eventuell von *Kunze* beantragten Reise ins kapitalistische Ausland abgestimmt. Dabei ist zu prüfen, ob Möglichkeiten der operativen Kontrolle durch das Ministerium für Staatssicherheit während des Auslandsaufenthaltes bestehen.

★

Information 563/73
Während einer Lyrikertagung in der Volksrepublik Ungarn im April 1973 unterhielt *Kunze* folgende Kontakte:... *Frischmuth*, Barbara, ... *Artmann*, Hans, ... *Jandl*, Ernst.

★

Erfurt, am 24. Juli 1973
Inoffiziell wurde bekannt, daß der Schriftsteller R. *Kunze* Anfang Juli 1973... mit dem Bayerischen Kunst- und Staatspreis [richtig: Literaturpreis der Bayerischen Akademie der Schönen Künste] ausgezeichnet wurde... Über die Auszeichnung... brachten [die Schriftsteller des Bezirksverbandes Weimar/Erfurt] H..., M..., B... und B... ihre Empörung zum Ausdruck. H.T... äußerte sich dahingehend, daß K. aus dem Schriftstellerverband ausgeschlossen werden sollte.

★

Gera, den 30. 10. 1973
Während der... Wahlberichtsversammlung des Bezirksverbandes Erfurt/Gera des Deutschen Schriftstellerverbandes mieden nahezu alle Schriftsteller das Gespräch mit *Kunze*.

★

Greiz, den 30. 10. 1973
...Allgemein ist zu sagen, daß der Lyrikband »Brief mit blauem Siegel« fast mit dem Tag des Erscheinens vergriffen gewesen ist, daß also die etwas sehr kolportierende Hetze westlicher Rundfunk- und Fernsehstationen im Grund genommen Reklame für diesen Band... gemacht hatte. (»D.«)

★

Gera, 16. 02. 1974
Durch inoffizielle Quellen konnte... erarbeitet werden, daß... Reiner *Kunze* die Verhaftung und Ausweisung *Solschenizyns* sehr beunruhigt.

★

Operativplan (Gera, den 19. 02. 1974)
...Aufklärung der Verbindungen des *Kunze* zu den Personen

    Jürgen P. *Wallmann* – Journalist, BRD,

    Andreas *Mytze* – Redakteur, BRD,

    Karl *Corino* – Redakteur, BRD,...

mit dem Ziel des Nachweises einer... strafrechtlich relevanten Tätigkeit nach den §§ 98 [Sammlung von Nachrichten], 100 [Staatsfeindliche Verbindungen] und 219 des StGB [Ungesetzliche Verbindungsaufnahme]. Die Ergebnisse... sind im Operativ-Vorgang als Beweismittel zu dokumentieren...

Für... weitere... Kandidaten mit Perspektive, als IM an der
Vorgangsperson zu arbeiten, werden geprüft:
1. Bibliothekarin [Name ausradiert]
2. Kapellmeister [Name ausradiert, aber noch lesbar]

★

Gera, den 8.3.1974
Inoffiziell wurde... bekannt, daß der ČSSR-Bürger Václav
B... [es folgen Geburtsdatum, Anschrift, Beruf und Arbeits-
stelle] im Besitz eines Reclam-Heftes mit Gedichten von
Kunze ist... Auf eine... Frage nach den persönlichen Beziehungen... zu *Kunze* antwortete er... ausweichend: »So eine
Beziehung ist nicht gut. Ich habe beim Dolmetschen von Vertretern der Bezirksparteischule Bad Blankenburg... erfahren,
daß K. sehr in Ungnade gefallen sei und man sich schäme,
einen solchen Schriftsteller im Bezirk zu haben.«

★

Karl-Marx-Stadt, 10.7.1974
Inoffiziell wurde bekannt, daß die B..., Sabine [es folgen Geburtsdatum, Anschrift, Nr. des Personalausweises], Bibliothekarin, 2 Bücher von Kunze besitzt, davon eines mit persön-
licher Widmung (siehe Anlage). Sie ist mit *Kunze* in der Berliner Evangelischen Studentengemeinde zusammengetroffen
und besitzt da[von]... ein Foto.

★

Gera, den 12. August 1974
... In Zusammenarbeit mit der Abteilung 26 ist zu prüfen,
inwieweit die Maßnahme B [Einbau einer Abhöranlage] unter
Einhaltung der strengsten Konspiration eingeleitet werden
kann...

Die... operativen Maßnahmen werden über Genossen L...,
Ministerium für Kultur, nach Absprache durch die Hauptabteilung XX eingeleitet bzw. in ihren Etappen veranlaßt.

★

Eisenhüttenstadt, 15. Aug. 1974
Inoffiziell wurde bekannt, daß die... Person *Günther*, Burk-
hard, ...Ingenieur..., Verbindung zu dem... Schriftsteller
Kunze, Reiner, unterhält. Bei dem G. handelt es sich um eine
Person mit negativer Grundeinstellung... G. berichtete gegenüber einem IM, ...K. verfasse Gedichte, die genau auf der
ideologischen Linie *Solschenizyns* liegen sollen. [Burkhard
Günther wurde am 26. August 1977 verhaftet und am 27. September 1978 zu 6 Jahren Freiheitsentzug verurteilt. »Der
Briefwechsel mit... Reiner Kunze, mit Ludvík Kundera sowie
42 Tagebücher und Exzerpte wurden eingezogen.« Anwalts-
schreiben]

★

Greiz, den 7.11.74
Am 1.11.1974 beabsichtigte ich, mit Frau Dr. *Kunze* unter
Verwendung einer glaubhaften Begründung in ihrer Zahnkli-
nik Kontakt aufzunehmen... Bei diesem Gespräch sagte Frau
K., daß ihr Mann... eine Gastprofessur in den USA angebo-
ten bekommen hätte. Auf meinen Einwurf, bei dieser Gastprofessur könnte er doch drüben bleiben, ...antwortete sie,
daß er daran gar nicht denke, denn wenn er das wollte, hätte
er davon schon Gebrauch machen können, als sie in der BRD
waren. (»L.«)

★

Rostock, den 13.12.74

M. H... hat in einem... in der BRD veröffentlichten... Gedichtband zu Reiner *Kunze* eine Stellungnahme abgegeben, indem sie in einem Vierzeiler sehr... präzise formulierte, ...daß ein Mann der DDR sich zur DDR bekennen muß und deshalb logischerweise, wenn er das nicht tut und... sich an den Westen verkauft, sich nicht wundern darf, wenn er von seinen eigenen Landsleuten... angegriffen wird...M. H. wohnt in S... [Bundesrepublik Deutschland], hat dort eine kleine Villa... und einen Dichterkreis, junge, fortschrittliche Dichter... Wenn ich nicht falsch unterrichtet bin, wohnen auch einige junge Leute bei ihr, die z.T. zu linksradikalen Gruppen gehörten. Weitere Informationen werden genutzt...

★

Gera, den 18.2.1975

In einem Gespräch am 29.1.1975 äußerte Peter V..., Greiz..., daß es mit R. *Kunze* große Schwierigkeiten gäbe... V. sagte wörtlich, daß »die Partei es sich überlegen werde, ob man *Kunze* nicht ausweist«.

★

Gera, den 20. Februar 1975

Kunze... sagt: »...ich gehe so vorsichtig wie möglich zuwege, um gewissen Kräften, falls es sie noch geben sollte, den Rükken dadurch zu stärken, daß die anderen mangels Anlässen in ihrem Begehren nach ›Säuberung‹ aushungern.« ... Weiterhin wurde... bekannt, daß am 19.2.1975 gegen 17.00 Uhr ein Pkw der Ständigen Vertretung der BRD in Berlin in der Nähe des Wohnhauses des Reiner *Kunze* parkte.

★

Protokoll (Gera, den 24. Februar 1975)

— Es gibt keinen Grund, dem K. die Einbeziehung in die Öffentlichkeit der DDR zu erleichtern...

— Es wird keine 3. Auflage des K.-Lyrik-Bandes geben...

— Keine öffentlichen Lesungen im Kulturbund, [in] Bibliotheken usw. Wenn er selbst von sich aus kommt, dann mit Vorlage des Programms, kleiner Kreis (30 Pers.) und Auseinandersetzung mit ihm.

★

[Handschriftlicher Brief; Privatbesitz:

Leipzig, am 8.11.74

Reiner Kunze!

Weil mir das rechte Wort für eine andere Anrede fehlt, bitte ich, diese anzunehmen.

Zu mir ist folgendes zu sagen: Ch. U..., geb...1943, und seit August 1974 Schauspieler am Theater... in Leipzig. Ich schreibe, weil ich Sie besuchen möchte.

Durch den Abschluß des Studiums an der Schauspielschule aus dem unmittelbaren Leben der Katholischen Studentengemeinde Leipzig heraus, beabsichtige ich... folgendes.

Mit kleinen literarisch-musikalischen Programmen will ich gern weiter am Leben der Studentengemeinden teilnehmen...

Heute bitte ich um ein Gespräch... zu dem, was der »Brief mit blauem Siegel« beinhaltet.]

Leipzig, 8.4.1975

Das Programm wurde zum erstenmal am 18.2.1975 von mir und meiner Sprecherzieherin... zur Aufführung gebracht.

Die Aufführung erfolgte im Rahmen... der Katholischen und Evangelischen Studentengemeinden Leipzig... Anwesend waren etwa 250 Personen, darunter R. *Kunze* und Frau...

Der Verlauf bestätigte, daß bei... unsere Gesellschaft in Frage stellenden Texten oft spontan Beifall bekundet wurde (vergl. Mitschnitt)... Operative Aspekte, die sich unmittelbar mit meiner Arbeit an diesem *Kunze*-Programm verbinden, zurückstellend, bin ich folgender Meinung... (»H.« = Ch. U...)

★

Leipzig, den 10.6.1975
Bei meinem Besuch... in Greiz teilte mir Reiner *Kunze* folgendes mit: Nachdem ihm von der Bayerischen Akademie der Schönen Künste die ordentliche Mitgliedschaft angetragen worden war, ...habe man ihn nach Berlin ins Kulturministerium gebeten. Dort sei es... darum gegangen, daß er auf die Mitgliedschaft bei der Akademie verzichte. In dem Gespräch habe man zuerst... große Achtung vor seinen bisherigen Leistungen bekundet, und dann habe man versucht, mit ihm zu verhandeln. Er meinte, daß ihm... Versprechungen und Angebote gemacht worden seien... Auf materiellem Gebiet habe man ihm u.a. eine Komfortwohnung in Berlin, ein Wochenendgrundstück in der Nähe von Berlin [und] einen Pkw westlicher Fabrikation [an]geboten. Man habe ihm gesagt, ...es sei alles einzurichten... *Kunze* meinte mir gegenüber, nur gut, daß [er]... in solchen Situationen... ruhig bleibe. Als er... abgelehnt... und auf einer Annahme der Mitgliedschaft bei der Akademie beharrt habe, hätte man ihm für seinen Besuch gedankt und – sinngemäß – gesagt: Dann können wir auch für eine unfallfreie Rückfahrt nach Greiz nicht garantieren – was er als Morddrohung verstanden hat... Ich hatte den Eindruck, daß sich R. *Kunze* in Folge dieses Erlebnisses nicht nur in seiner künstlerischen Arbeit bedroht fühlt, sondern auch in seiner physischen Existenz. (»H.«)

★

Gera, den 25. 6. 1975
Kunze beschäftigt sich – so wörtlich – »mit dem, was in jungen
Menschen vorgeht, hier, heute – oft nur Nuancen, die aber ein
Leben in ein bestimmtes Gleis lenken oder es in die Schlinge
bringen können. Ich schreibe einen schmalen Band kurzer
Prosa. Vielleicht wird es mir gelingen, ihn Ende 1976 abzu-
schließen.«

Erfurt, den 31. 10. 1975
Der IM berichtete, daß sich anläßlich der Mitgliederversammlung des Schriftstellerverbandes der DDR, Arbeitskreis Thüringen, die Lyriker *Kunze* und *Kirsten* wiederholt in einem internen Gespräch von den Ausführungen der Schriftsteller
Thürk und Held distanzierten.

Berlin, den 25. 11. 75
Streng geheim
Wie inoffiziell bekannt wurde, erschien durch den griechi-
schen Verlag »Egnatia«... eine Lyrik-Auswahl des Reiner
Kunze. Als Herausgeberin soll eine gewisse Hannelore
Ochs... fungiert haben... Die... *Ochs* bemühte sich, für
Kunze neun Exemplare illegal in die DDR einzuführen. Dies
wurde durch die Zollorgane... unterbunden. [Richtig ist: Die
Herausgeberin hatte neun Exemplare legal einführen wollen,
woraufhin sie beschlagnahmt wurden. Das zehnte Exemplar
hat sie illegal eingeführt.]

Büro für Urheberrechte

An die
Zollverwaltung der
Deutschen Demokratischen Republik

...Aufgrund der von mir getroffenen Absprachen... bitte ich
Sie, mir die übrigen 8 Exemplare des genannten Gedichtbandes (griechisch/deutsch) zuzuleiten. Diese Exemplare werde
ich dann dem Stellvertreter des Ministers, Genossen Klaus
Höpcke, zur weiteren Prüfung und Veranlassung zugehen lassen. [Die Exemplare wurden einbehalten.]

★

[Leipzig]
...Besuch am 10.2.1976 bei Reiner *Kunze* in Greiz... Als
Vorwand benutzte ich [gelöscht]... R.K. beabsichtigt,
...wieder an die Öffentlichkeit zu gehen... Nichts habe sich
zum Guten verändert, im Gegenteil, nach wie vor gibt es
keine Veröffentlichungen, keine Möglichkeiten, in der Öffentlichkeit wirksam zu werden. Er machte auf mich einen
sehr entschlossenen Eindruck, öffentlich über alles zu sprechen, was ihn bedrückt. In bezug auf die erste öffentliche
Lesung aus seinem neuen Buch hält er es für möglich, daß danach staatliche Maßnahmen gegen ihn in Kraft treten, die je-
des weitere Auftreten seiner Person in der Öffentlichkeit der
DDR für immer unmöglich machen. Nach seiner Meinung hat
die scheinbare Liberalisierung im kulturell-künstlerischen
Leben der DDR de facto die völlige Entmündigung und Aus-
schaltung der wirklich Kunst Schaffenden vom gesellschaftlichen Entwicklungsprozeß zur Folge. Das System der Ventil-
chen sei so perfekt geworden, daß das Volk gar nicht mehr be-
merken kann, was tatsächlich in und mit der Kunst geschieht.

Er faßte seine Gedanken damit zusammen, daß er feststellte, man habe in der DDR gelernt, sich gegen die Geschichte an der Macht zu halten. (»H.«)

★

Gera, den 1.3.1976
Inoffiziell wurde... bekannt, daß im Zusammenhang mit der diesjährigen Frühjahrsmesse ein Treffen zwischen... Reiner *Kunze* und dem Redakteur des Süddeutschen Rundfunks..., Dr. Ekkehart *Rudolph*, geplant ist. Dieses Treffen soll am 15.3. in Leipzig stattfinden. Über den genauen Ort wurden bisher keine Einzelheiten bekannt. *Kunze* soll... eine Auswahl neuester Übersetzungen tschechischer Lyrik mitbringen, da *Rudolph* eine zehnminütige Aufnahme von *Kunzes* neuen Übersetzungen plant.

★

Protokoll (Gera, 04.03.1976)
Durch den Genossen B... wurde eingeschätzt, daß *Kunze* mit seinen Arbeiten unter Ausnutzung seines literarischen Talents aktiv... gegen die DDR und den Sozialismus... Stellung bezieht. Davon ausgehend, muß *Kunze* zu jenen Personen gezählt werden, die innerhalb der DDR antisozialistische Machwerke herstellen... Indem *Kunze* mit den... Zielstellungen des Gegners mitgeht..., stellt er sich offen in die Reihen der Feinde des Sozialismus... Alle Aktivitäten des K. sind zu dokumentieren und strafrechtlich einzuschätzen mit dem Ziel, Beweise zu schaffen für den Fall einer sich verändernden politischen Lage... Kunze wird von der Partei so behandelt wie *Biermann*, er wird nicht wahrgenommen, da er uns nichts zu sagen hat. Hier gibt es [eine] einheitliche Orientierung des Zentralkomitees an alle Bezirksleitungen.

★

Gera, 04.03.1976
Zur geplanten Übergabe des schwedischen Literaturpreises an
Kunze in der schwedischen Botschaft am 04.05.1976 um
11.00 Uhr wird die Hauptabteilung XX... inoffiziell verankert
sein.

★

Gera, 05.03.1976
Durch die Hauptabteilung XX wurde... mitgeteilt, daß sich
der Leiter der Ständigen Vertretung der BRD in der DDR,
Gaus, für den Besuch des Hallenhandballspiels DDR – BRD
nach Karl-Marx-Stadt abgemeldet hat. Auf dem Weg... beabsichtigt er, einen »guten Bekannten« in Greiz zu besuchen.
Dabei könnte es sich um die Vorgangsperson des Operativ-
Vorganges »Lyrik«... handeln... Durch die Abteilung 26
wurde am gleichen Tag bekannt, daß mit der Ankunft von
Gaus bei *Kunze* gegen 18.00 Uhr zu rechnen ist, und daß er
ca. 2 bis 3 Stunden bleiben wird.

★

Plan (Gera, 09. März 1976)
... Aufklärung des Wochenendgrundstückes der Vorgangsperson in Leinigen und Prüfung eines Einsatzes der Abteilung 26
... Einschätzungen/Gutachten über die literarischen Arbeiten des *Kunze* aus ideologischer, strafrechtlicher, psychologi-
scher und fachlicher Sicht durch Experten-IM... Aufklärung/
Herausarbeitung und Analyse der Motive des K... Welche
Verbindungen gibt es zwischen K., *Havemann* und *Biermann*
u.a.? Welche Hintermänner und konspirativen Verbindungen
werden in diesem Zusammenhang sichtbar? ... Analyse der
Verbindungen in die BRD, [nach] Westberlin und dem ande-

ren kapitalistischen Ausland unter besonderer Beachtung feindlicher Zentralen und Zentren der politisch-ideologischen Diversion... Analyse der Verbindungen in die... VR Polen und andere sozialistische Staaten... Einschätzung der Kontakte... des K. zur Ständigen Vertretung der BRD in der DDR... Weiterer Einsatz des IM [»H.«] in der Bezirksverwaltung Leipzig, der persönlichen Kontakt zu K. unterhält. Übergabe eines konkreten Informationsbedarfes... [Handschriftlich:] Die Kreisdienststelle sollte prüfen, ob man einen IM an die Frau des K. ansetzen kann.

★

[Handschriftlich]
Gera, 24.3.76
Absprache... mit Abtlg. 26:
1. Weitere Aufklärung der interessierenden Nachbarn des
   K.:
   A... und S...
   Vordergründig der linke Nachbar, wenn nicht möglich,
   dann über *Kunze*. – Schnelle Klärung, wer geeignet ist.
2. Zeitpkt. für Einsatz 26/B ca. 12.–15.4.76
3. Zum unmittelbaren Termin darf keiner in der Wohnung
   des
   Kunze sein.
   Unter Legende K. bestellen.
   Evtl. Rat des Bezirkes oder Ministerium für Kultur/L...

★

Gera, 30.3.1976
... Brief aus Schweden (dat. 15.3.1976)... Auf der Rückseite des Briefes war ein Vermerk mit zwei Hinweispfeilen: »Hier läßt sich der Brief leicht öffnen und ebenso leicht verschließen.«

53

... Die Analyse [der Post-]Verbindungen ... des K. bis zum gegenwärtigen Zeitpunkt ergab:
gesamt 377
davon BRD 194
Westberlin 22
übr. nichtsozialistisches Ausland 67
Soz. Ausl. 94, ... vorwiegend Polen, ČSSR, Ungarn und Rumänien. DDR-Verbindungen wurden nicht analysiert, da eine exakte Analyse ... nicht möglich ist.

★

Greiz, den 02. 04. 1976
... Anschließend warf der 1. Kreissekretär [der SED] die Forderung auf, daß die Sicherheitsorgane besser Bescheid wissen müßten. Durch den Wirtschaftssekretär habe er erfahren (Nachbarschaft), daß vor *Kunzes* Haus schon wieder ein West-Pkw stände ... Unterzeichneter schaltete sich hier erstmals ... ein und sagte, es sei eine Schande für die Sicherheitsorgane und andere bewußte Bürger in Greiz, wenn ein CD-Fahrzeug sich mehrere Stunden in Greiz aufhält, und keiner stellt das fest.

★

Protokoll (Gera, den 12. 04. 1976)
Genosse B ... informierte, daß die geplanten Reisen des *Kunze* ... genehmigt sind. – Genehmigung ... erfolgt u.a. deshalb, um in Vorbereitung und Durchführung des IX. Parteitages der SED keine Angriffsflächen für negative und gegnerische Aktivitäten zu bieten ... Ziel besteht darin, Personen wie *Kunze* in dieser Zeit »bei Ruhe« zu halten ...
Gen. B. informierte über die Absprache mit den Sicherheitsorganen der ČSSR ... : Der ... Autor Ludvík *Kundera* wird durch die Sicherheitsorgane der ČSSR bearbeitet.

Gera, 19. April 1976
Operativ bedeutsame Erkenntnisse
Die Briefe bzw. Karten vom 21.3.1976, 22.3.1976 und
30.3.1976 an *Wallmann* von *Kunze* wurden nicht im Bereich
des Bezirkes Gera zum Versand gebracht. Demzufolge ist uns
der Inhalt nicht bekannt...
Kunze stabilisiert seine Gesundheit, um sich auf eine uns noch
unbekannte Auseinandersetzung vorzubereiten.

★

Gera, den 20.4.1976
Am 15.4.1976 wurde mit... dem Einsatz eines [im Kreiskrankenhaus Schleiz beschäftigten] IM folgendes Überprüfungs-
ergebnis erzielt:
— Nach... konspirativ durchgeführten Untersuchungen der
schriftlichen Unterlagen kann die Aussage getroffen werden,
daß *Kunze* im Kreiskrankenhaus Schleiz nicht in Behandlung
ist.
— Der IM stellte jedoch fest, daß K. in der Zeit vom
5.12.1973–20.12.1973 in Behandlung des Kreiskrankenhauses Schleiz war.
— Der IM... stellte bei der konspirativen Kontrolle der...
Krankenunterlagen... zu K. fest:
1. Kurzdiagnose: »Erschöpfungszustand, verbunden mit An-
gina pectoris als Folge wohl bewältigter, aber ihm aufgezwun-
gener Konflikte.«
2. Ein[en] verschlossene[n] Briefumschlag mit unbekanntem
Inhalt. Briefaufschrift: »Nur zu öffnen von Dr. *Eckstein*, seinem genannten Vertreter oder in Notsituation.« Die Rückseite des Briefumschlages war durch sechsmaliges Stempeln
und zusätzlicher sechsmaliger Unterschrift auf die Klebestrei-
fen gesichert...

Mögliche... Maßnahmen:
...Erarbeitung und Realisierung einer Kombination zum
Zwecke des zeitweiligen Beschaffens und [der] konspirativen
Ansicht des gesicherten Briefes bei Dr. *Eckstein*.
Der von Genossen Oberstleutnant M... gesteuerte IM ist
dazu einsatzbereit. Der Einsatz kann jedoch nur bei Nacht-
dienst dieses IM und strengster Wahrung der Konspiration
erfolgen.

★

Schleiz, den 17.05.1976
Der...Brief über den Patienten *Kunze*, welcher von Dr. *Eckstein* gefertigt wurde, wird im Archiv des Kreiskrankenhauses
aufbewahrt. Zu diesem Archiv haben alle Ärzte sowie die
Oberschwester und die leitenden Stationsschwestern... Zugang... Der IM hat jederzeit die Möglichkeit, diesen Brief
kurze Zeit zu entnehmen. Laut Mitteilung des IM ist unter
kurzzeitiger Entnahme ein Zeitraum von ca. 8–10 Stunden zu
verstehen. Am günstigsten eignen sich die Nachtstunden...
Im Zeitraum 21. bis 30.05. (der IM hat zu dieser Zeit ärzt-
lichen Bereitschaftsdienst) wird die Entnahme des Briefes...
erfolgen.
Da ca. 30 Personen... Zugang zum Archiv und den dortigen
Dokumenten besitzen, fällt kein Verdacht auf den IM, falls
bei der vorgesehenen Maßnahme der Brief derart beschädigt
wird, daß ein Zurücklegen nicht möglich ist.
Zu beachten ist dabei, daß der IM so instruiert wird, bei der
Handlung keine Spuren zu hinterlassen.
Im Interesse der Sicherheit des IM und des optimalen Aus-
schließens von Gefahrenmomenten, einschließlich des Ver-
schwindens des Briefes, wird in... einer Zeitspanne von
ca. 2 bis maximal 3 Stunden gehandelt.

★

Schleiz, den 26.05.1976

Entsprechend den getroffenen Absprachen und Vorbereitungen wurde die operative Maßnahme – Beschaffung der Krankengeschichte zur Person *Kunze* einschließlich eines verschlossenen Kuverts – am 25.05.76 realisiert:

Der IM... rief vereinbarungsgemäß gegen 15.45 Uhr... an, um die Bestätigung zu erhalten, daß die Übergabe... an diesem Tage erfolgt. Kurz zuvor hatte der IM den Hefter mit dem betr. Kuvert aus dem Archiv entnommen.

Während des Telefongesprächs wurde vereinbart, daß die Übergabe vom IM an Unterzeichneten 16.15 Uhr im Stadtwald (Oberböhmsdorf-Oberoschitz) aus dem fahrenden Pkw des IM heraus erfolgt. Die Übergabe... nahm nur ca. 5 Sekunden Zeit in Anspruch. Das Gelände wurde vor der Übergabe auf Anwesenheit von Personen und Kfz kontrolliert, solche wurden am Übergabeort nicht festgestellt.

Gegen 19.40 Uhr wurde das gesamte Material in der Kreisdienststelle Schleiz der Mitarbeiterin der Abteilung M, Genossin M..., und dem Vorgangsbearbeiter der Abteilung XX im Beisein des Genossen Oberstleutnant M... übergeben.

Genn. M. und Vorgangsbearbeiter fuhren zur Bezirksverwaltung, wo das Material kopiert wurde. Gegen 21.30 Uhr wurde das Material an Unterzeichneten zurückgegeben. Gegen 21.40 erfolgte durch Unterzeichneten die Rückgabe des Materials an den IM... im Raum Schleiz-Oschitz, Verbindungsstraße Heinrichsruh, unter Ausnutzung der Dunkelheit und [in] Kenntnis, daß zu dieser Zeit dort kaum Personen-und-Kfz-Verkehr ist, sowie in Kenntnis der genauen Übergabestelle bezüglich Selbstkontrolle und Einsichtmöglichkeit.

Am 26.05.76 wurde telefonisch beim IM Rücksprache gehalten. Er hat den Hefter am 26.05.75 zu Dienstbeginn ins Archiv zurückgelegt. Vorkommnisse, daß der Dr. E. bzw. andere Angestellte des Kreiskrankenhauses den Hefter benötigten oder das kurzfristige Nichtvorhandensein... aufgefallen sei, traten nicht auf. Es gab auch keine Wahrnehmungen durch andere Personen, daß der IM den Hefter dem Archiv... entnommen hatte.

★

Gera, 08.06.1976
Bezirksverwaltung für Staatssicherheit
Abteilung Medizinischer Dienst
Vorgang *Kunze*, Reiner
Bezug: Vorgelegte Behandlungsunterlagen des Kreiskrankenhauses Schleiz vom Dezember 1973... [Anlage: 36 Fotokopien]

★

Gera, 04.05.1976
Bei der... Berufung des GMS »K.« [Gesellschaftlicher Mitarbeiter Sicherheit; spezialisierter konspirativ arbeitender Informant] wurde... bekannt: ...Fam. K. besitzt keinen Fernsehapparat, es ist kein gemeinsames Schlafzimmer vorhanden, die Zimmer der Ehepartner sind jeweils als Wohn-Arbeits-und-Schlafzimmer ausgestaltet. Im Zimmer des R.K. befindet sich... das Telefon... Zum Tagesablauf der Frau K. wurde bekannt, daß sie... gegen 6.45 Uhr das Haus verläßt und in den Nachmittagsstunden wieder zu Hause ist.

★

12.5.76
K... unterschätzt... die Qualität der Mitarbeiter des Ministeriums für Staatssicherheit. (»B.«)

★

[Handschriftlich]
Sicherung Aktion »Meilenstein 76« [Einbau der Abhörein-
richtung]
1. Einsatz des IM »B.«... zur Feststellung, wo sich die Vorgangsperson aufhält... 2. GMS »K.« informiert, wann die
Vorgangsperson sich in der Wohnung aufhält... 3. Die
Quelle... in Leiningen informiert, wann sich die Vorgangsperson nach Leiningen begibt.

★

Gera, 17.05.76
Aktion »Meilenstein 76«
Telef. Absprache mit Bezirksverwaltung Leipzig... Für den
29.05.76 plant ein privater Zirkel in Leipzig eine... Schrift-
stellerlesung. In diesem Zusammenhang wurde bekannt, daß
man beabsichtigt, Reiner *Kunze*... zu gewinnen.

★

Greiz, den 19.05.1976
Der Sommersitz des K. besitzt keine eigene Trinkwasser-
anlage, so daß das Trinkwasser im Nachbargehöft bei Frau
Dübler mit Eimern geholt werden muß.

★

Protokoll (Gera, 20.05.1976)
...Beginn einer allseitigen Aufklärung des Grundstückes der
Vorgangsperson in Leiningen. Weiterführung der Aufklärung
des Handwerksmeisters H... in G... unter Herausarbeitung
der Möglichkeit einer... operativen Nutzung...
Kontaktierung... eines GMS für den Einsatz der Maßnahme
26/B in der Wohnung der Vorgangsperson...

Suche... von Möglichkeiten/Varianten für einen Einsatz der Maßnahme 26/B im Wochenendgrundstück der Vorgangsperson in Leiningen.

★

Gera, den 24.06.1976
[Der] Begriff »Haß aus enttäuschter Liebe« beinhaltet eigentlich alles, was die Revisionisten und... Renegaten vom Marxismus implizieren. So auch das, was sich um Prof. Robert *Havemann* nach seinen Presse-, ... Rundfunk- und Fernsehinterviews in diesen Kreisen... kundtut. Nach einem Rundfunkinterview im Jahre 1975 wurden [mit]... Diskussionen nicht nur bei Reiner *Kunze*, sondern auch bei den spezifischen Kreisen der Mediziner – ... auch... Jenaer Dozenten – 14 Tage beansprucht. Es handelt sich vor allem um solche Dozenten wie Prof. M..., Prof. L... und Dr. W... Zur Rolle und zur Wirksamkeit Prof. *Havemanns* wäre ich in der Lage, noch etwas mehr zu sagen, dazu aber wäre ein gesonderter Bericht erforderlich, den ich bereit bin, nach Abforderung zu erteilen. (»B.«)

★

Gera, den 20.8.1976
Die vom IM »B.« getroffenen Aussagen hinsichtlich der Verbindungen des *Kunze* zu St... nach Leipzig entsprechen den Tatsachen... St. wird durch die Abteilung XX der Bezirksverwaltung Leipzig bearbeitet. Genannter... hat Verbindungen zu Kunst- und Kulturschaffenden sowie zu Personen, die im revisionistischen Sinne Einfluß [aus]üben. In Leipzig ist durch Einsatz der Abteilung 26 bekannt, daß St. persönlichen Kontakt zu Reiner *Kunze* unterhält... Es ist weiterhin bekannt, daß St. Stammquartier für den BRD-Journalisten Karl *Corino* ist, und daß *Corino* in der Wohnung des St. Interviews mit

Kunze aufgezeichnet hat. Des weiteren wurde herausgearbeitet, daß Genannter einen persönlichen Kontakt zu dem BRD-Schriftsteller Heinrich *Böll* unterhält... Seitens... der Bezirksverwaltung Leipzig ist geplant, die Maßnahme 26/B in der Wohnung des St. einzusetzen. Darüber hinaus ist der Sohn des Genannten in ein Waffendelikt verwickelt... Genannter Sachverhalt wird... zum Anlaß genommen, um den St., [Vorname], zu kontaktieren und ihn aufgrund seines guten Verhältnisses zu seinem Sohn vor die Alternative zu stellen: Ermittlungsverfahren gegen den Sohn oder Zusammenarbeit mit dem Ministerium für Staatssicherheit.

★

Protokoll (Gera, den 20. 8. 1976)
...Beratung... der Bestandsaufnahme zur Person *Kunze* mit dem IM »B.« sowie Nutzung des Materials für das Zusammenwirken mit den Sicherheitsorganen der ČSSR.

★

Leipzig, den 24. 8. 1976
Für die Sicherung der Aktion »Treffpunkt 76 H« bitten wir um Mitteilung, welche Hinweise... auf geplante Aktivitäten *Kunzes* zur Messe vorliegen und um Koordinierung notwendiger Kontrollmaßnahmen.

★

Gera, 31. August 1976 [Datierung ungenau]
Durch... IM... wurde bekannt, daß der Deutschlandfunk am 1. 9. 1976 gegen 19.30 Uhr eine Sendung über Reiner *Kunze* ausstrahlte, die folgendes beinhaltete:
...Jetzt erscheint im S. Fischer Verlag eine neue Textsammlung von Reiner *Kunze* »Die wunderbaren Jahre«... Über

dieses Buch sprach Gottfried *Hoster* mit der Leiterin des
S. Fischer Verlages, Monika *Schoeller*... Nach der Veröffentlichung dieser stark politischen und systemkritischen Texte
sowie evtl. persönlichen Konsequenzen des Autors befragt,
äußerte die Sch.: »Das [ist]... möglich. Doch Reiner Kunze
ist zu sehr realistisch, um das nicht zu sehen. Er hat mir, als
ich das Manuskript bekam, einen Brief geschrieben, in dem
steht – ich zitiere das jetzt:

> Nach Erscheinen dieses Buches rechnen wir, meine Frau
> und ich, mit jeder möglichen Maßnahme, die eine Regie-
> rung gegen einen Schriftsteller treffen kann. Wir hoffen,
> daß uns das Schlimmste erspart bleibt, aber auch darauf
> bin ich vorbereitet. Seien Sie jedenfalls versichert, daß ich
> meinen Teil gründlich bedacht habe.«

Auf die Frage: Heinrich *Böll* hat dieses Manuskript bereits gelesen und sich dazu geäußert, antwortete die Sch.: »Er schrieb
nach dem Lesen ganz spontan:

> Ich habe das Manuskript von Reiner Kunze sofort in einem
> Zug gelesen und finde, daß es, von einigen Äußerungen
> und Publikationen aus der ČSSR und der UdSSR abgese-
> hen, einen einmaligen schrecklichen Einblick in die inneren
> Verhältnisse in der DDR vermittelt... Vielleicht können
> doch eben nur Poeten wie Reiner Kunze oder Biermann
> diese innere Wirklichkeit der DDR ausdrücken.«

★

Gera, den 16. 9. und 17. 9. 1976
Am 15. 9. 76 gegen 15.30 Uhr reiste ein Pkw Typ Mercedes in
Wickersdorf bei Reiner *Kunze* an... Die Aufenthaltszeit be-
trug 3 Stunden. Während dieser Zeit konnte festgestellt wer-
den, daß *Kunze* vor dem Haus gefilmt wurde..., und daß mit
Kunze... bei kleineren Spaziergängen Gespräche (vermutlich
Interview) geführt wurden. Die Abreise erfolgte... in Rich-

tung Wartha... An der Bezirksgrenze am Km 181 wurde die
Beobachtung laut Auftrag abgebrochen.
Anlagen: 1 Film, ... Fotos

★

Gera, den 20.9.76
Auf einen Versuch des Kandidaten [Handwerksmeister H.
in G., künftig IM »E.«], das Manuskript [»Die wunderbaren
Jahre«] »mal auszuleihen«, ... ging *Kunze* nicht ein... [Er]
lehnte mit dem Anmerken ab, erst den Druck, die Herausgabe... des Buches abwarten zu wollen. Dann werde *Kunze*
ihm ein Exemplar schenken...
Der Verlauf der Kontaktierung und seine Ergebnisse führen...
zu dem Schluß, ... den Kandidaten endgültig zur Werbung und
zu einer planmäßigen konspirativen Zusammenarbeit zu bringen... Es muß jedoch... eingeschätzt werden, daß geistig
beim Erfassen spezifischer Details... [dem] Kandidaten Gren-
zen gesetzt sind. Die Einsatzmöglichkeiten sind...
— in persönlichen Gesprächen Kandidat – *Kunze* (Abschöp-
fung)
— im Besuchen des *Kunze* in Leiningen und Betreten/Auf-
klären des dortigen Hauses
— im Beschaffen/[in] zeitweiliger Übergabe von Machwerken des *Kunze*
Der Kandidat hat keine Möglichkeiten,
— in die Verbindungen des *Kunze* einzudringen...,
— detaillierte Wertungen/Einschätzungen vorzunehmen,
— vertrauliche Aufträge des *Kunze* zu erwarten.

★

[Undatiert]
Nach Ansicht von Harry *Thürk* hat die Politik der Partei...
gegenüber *Kunze* nicht das gewünschte Ergebnis gezeigt...

Aus diesem Grunde verstärkt sich unter einer Vielzahl ernstzunehmender Mitglieder des Bezirksverbandes [Erfurt/Gera] die Meinung, daß, wenn *Kunze* nicht aus dem Schriftstellerverband ausgeschlossen wird, sie aus diesem Verband austreten. Als Beispiel erwähnte Harry *Thürk* im Gespräch mit der inoffiziellen Quelle folgende Autoren [es folgen vier Namen]...

[Undatiert]
An der... Hochschule [Akademie für Staat und Recht »Walter Ulbricht«, Potsdam-Babelsberg] kam es am 17.9.1976... zu folgendem Zwischenfall: Als Probleme der Kulturpolitik der Partei... behandelt wurden, wurden folgende Zwischenrufe getan: »Wie lange läßt sich die DDR Angriffe von *Biermann*, *Kunze* und anderen gefallen, wo bleibt da die Diktatur des Proletariats?«...
In einer Vorlesung... am 23.9.1976 kam es zu folgendem Zwischenfall: Als... der Satz zitiert wurde »Das Leninsche Prinzip und der Arbeitsstil auf dem Gebiet der Kultur und Kunst gründet sich primär auf Überzeugungsarbeit, aber der sozialistische Staat kann sich auch einmal veranlaßt sehen, entschieden als Staatsmacht aufzutreten«, brach stürmischer Beifall aus, und es kam zu Zwischenrufen wie: »Zum Beispiel gegenüber *Biermann* und *Kunze*.«

★

Leipzig, den 21.9.1976
Der von *Kunze* geplante Besuch zur Herbstmesse 1976 bei... St... in Leipzig fand nicht statt. Die Gründe wurden nicht bekannt. Soweit die eingesetzten Quellen feststellen konnten, war *Kunze* während des Messezeitraums überhaupt nicht in Leipzig. Auch die vermutete Einreise des BRD-Journalisten

Dr. *Corino* zu St. erfolgte nicht. Die operative Bearbeitung des St. ergab, daß er für eine operative Nutzung zur Aufklärung des *Kunze* nicht geeignet ist.

★

Protokoll (Gera, den 24. 09. 1976)
Mit dem GMS »K.« sind in kurzem Rhythmus Treffs durchzuführen, um ihn und seine Ehefrau für die geplanten Maßnahmen der Abt. 26 vorzubereiten. Zur Zeit sieht es so aus, daß beide für die 26 B noch nicht reif sind . . .
Zur Verunsicherung des K. und seiner Ehefrau sind . . . die geeigneten öffentlichen Stellen . . . stärker zu nutzen . . . Gleichzeitig ist die berufliche und gesellschaftliche Umgebung der Frau Dr. *Kunze* aufzuklären, und es sind Zweifel gegen sie zu streuen. Prüfung, welche Patienten etwas der Frau Dr. *Kunze* sagen könnten.

★

Rat des Kreises Greiz
Kreisarzt   Greiz, den 14. 01. 1977

Beurteilung
Frau Dr. med. dent. Elisabeth Kunze . . . ist seit dem 1. Juni 1962 als Fachärztin für Kieferorthopädie in der . . . Fachabteilung für Kinderstomatologie und Kieferorthopädie . . . tätig . . . Sie hat seitdem auf ihrem spezialisierten Fachgebiet eine gute Arbeit geleistet. Hohe Konsultationszahlen im Bezirksmaßstab und vorbildliche Qualität der kieferorthopädischen Leistungen haben zur Profilierung der Fachabteilung beigetragen. Ihre Berufsauffassung ist vom fachlichen Aspekt her tadelsfrei. Lobenswert ist auch ihre Einstellung zu Fragen der persönlichen Qualifizierung und Weiterbildung. Als Verantwortliche für die Organisation der stomatologischen Weiter-

bildung im Kreisgebiet leistet sie ebenfalls eine gute Arbeit. Ihren Kollegen gegenüber ist ihr Auftreten höflich und kollegial. Sie wird von ihren Mitarbeitern geschätzt. Auch zu den Patienten entwickelt sie ein gutes Verhältnis...

Nachdem bereits 1974 vom Leiter der Fachabteilung Kinderstomatologie und Kieferorthopädie... der Antrag auf Anerkennung der Kieferorthopädie als selbständige Fachabteilung... gestellt wurde..., haben wir uns 1976 dieses Problems erneut angenommen. Die Diskussion darüber wurde vorerst bewußt eingestellt, da die gegen die Politik unseres Staates gerichteten politischen Aktivitäten des Ehemannes von Frau Dr. Kunze dies ratsam erscheinen ließen.

Gera, den 30. 09. 1976
Von der Form her erscheint das Buch [»Die wunderbaren Jahre«] dem Berichterstatter so, daß es von vielen Menschen sehr gern und sehr schnell durchgelesen wird. Der Berichterstatter ist überzeugt, daß eine im negativen Sinne explosive Wirkung nicht auszuschließen ist. Das aber hängt u.a. davon ab, ob *Kunze* über das zentrale Zollamt Erfurt eine große Anzahl Belegexemplare erhält. Das Buch ist der Entwicklung der DDR und insbesondere der Ideologie des Marxismus-Leninismus nicht nur schädlich, weil es in einem BRD-Verlag erscheint, sondern weil es in wirkungsvoller Form bewußt nihilistisch geschürte Tendenzen unterstützt. Es ist nicht von der Hand zu weisen, daß sich dieses Buch mit gefährlichen Entwicklungsformen von einem sehr freien Gammlertum bis hin zu bewußten staatsgefährdenden und staatsverneinenden Aktionen verirrter Jugendlicher trifft. (»B.«)

Gera, den 30. 9. 76

Streng vertraulich

Unterzeichneter wurde... unterrichtet, daß am 29. 9. 76 im Zentralkomitee der SED eine vertrauliche Beratung stattfand, auf der der Ausschluß des Schriftstellers Reiner *Kunze*, Greiz, ... aus dem Schriftstellerverband der DDR... festgelegt wurde. Der Vorschlag an die Mitgliederversammlung wird durch Harry Thürk eingebracht... Als erster in der Diskussion wird M. V.... sprechen. Weitere Diskussionsredner werden sein: [es folgen fünf Namen]... Es wird Wert darauf gelegt, daß alle Maßnahmen der Vorbereitung nicht bekannt werden, damit nicht durch den Gegner bereits vor dieser Maßnahme... das Vorhaben verkündet und in der Argumentation... manipuliert wird.

★

Plan zur Verunsicherung der Vorgangsperson zum Operativ-Vorgang »Lyrik« (Gera, den 01. 10. 1976)

Ziel: Im echten Zusammenwirken mit gesellschaftlichen Organisationen und Institutionen das Ansehen der Vorgangsperson in der Öffentlichkeit zu schädigen.

Auftragsstruktur/Verhaltenslinie für IM »B.«

Der IM sagt dem K., daß er seine ideologischen Standpunkte nicht mehr teilen kann...

Der IM sagt dem K., daß nicht nur er seine Handlungsweise und Einstellung zu unserem Staat nicht versteht, sondern daß ihn Personen in Greiz angesprochen haben, die ebenfalls gegen ihn stehen...

Der IM teilt dem K. mit, daß er gewillt ist, trotz der unterschiedlichen ideologischen Standpunkte..., seiner beruflichen Stellung und seines öffentlichen Ansehens weiterhin die Verbindungen zu ihm fortbestehen zu lassen...

Auftragsstruktur / Verhaltenslinie für IM »We.«

Die Frau Dr. *Kunze* wissen lassen, daß sich die Ärzte und das medizinische Personal nicht mit den Auffassungen... ihres Mannes identifizieren;

daß ihr Mann mit seinem offenen Auftreten gegen unseren Staat ihr keinen guten Dienst erwiesen hat, und daß mögliche Folgen auch sie und ihr ärztliches Wirken treffen können;

daß sie als Ärztin und Humanistin ihren Mann von solchen unüberlegten und unmöglichen Handlungen hätte abbringen müssen...

Auftragserteilung / Verhaltenslinie für GMS »K.« (Einsatz im Wohngebiet des K.)

In der Hausgemeinschaft und im Wohngebiet verbreiten, daß *Kunze* ein neues Buch in der BRD verlegt hat, dessen Inhalt sich gegen die DDR wendet.

Den Bürgern sagen, daß sich K... außerhalb unserer sozialistischen Gesellschaft gestellt hat und es nicht verdiene, geschätzt und geachtet zu werden.

Bei Zusammentreffen mit Herrn oder Frau *Kunze* im Wohnhaus sagen, daß in der Öffentlichkeit viel Negatives über sie gesprochen wird, und daß die Bürger nicht die Meinung... des Schriftstellers *Kunze* teilen, sondern sie verurteilen...

Die Reinemachfrau des *Kunze* ist in die Gespräche über den K. einzubeziehen, damit sie die Stimmung und Meinungen der Bewohner an ihn und seine Frau heranträgt...

Zusammenwirken mit staatlichen Organisationen und Einrichtungen

Ablehnung... anmeldepflichtiger Veranstaltungen mit *Kunze*; ... Bei... Verstößen gegen die Veranstaltungsordnung gegen den Veranstalter Ordnungsstrafverfahren einleiten;

Beantragte Reisen des *Kunze* ins Ausland und nach Westberlin durch die Organe der Deutschen Volkspolizei ablehnen.

★

Gera, den 04. 10. 1967
Am Freitag, den 01. 10. 1976 wurde ... der Prof. Dr. W ... in J ... aufgesucht ... Der Genannte wurde gebeten, ... ein wissenschaftliches Gutachten [zu *Kunze*] in kürzester Frist zu fertigen ... Auf die Frage, was wir ihm an Honorar schulden, antwortete er, daß er es in unserem Falle ... nicht mit einem Verlag ..., sondern mit einem Organ unserer Partei zu tun habe, so daß er die finanzielle Seite für nicht diskutabel hält.

★

Sektion Literatur- und Kunstwissenschaft
Prof. Dr. W ...
Schon in früheren Jahren hat R.K. besonderen Wert darauf gelegt, sich als kritischer Autor darzustellen, für den es in der Kunst keine Kompromisse gibt ... Von diesem kleinbürgerlichen Konzept her, das K. philosophisch mit der existenzialistischen Philosophie von Albert Camus verknüpfte, betrachtete er sich vor allem als dichterischer Anwalt des Einzelnen, der den Zwängen der Gesellschaft ausgesetzt ist, die ihn zu manipulieren und zu deformieren sucht. In dem Prosaband »Die wunderbaren Jahre« hat R.K. dieses Konzept mit einer eindeutigen ideologischen Stoßrichtung gegen den realen Sozialismus in der DDR umfassend verwirklicht ... R.K.s Buch liegt eine ausgeprägt antisozialistische Tendenz zugrunde. Begnügte sich der Autor früher ... mit einer Kritik an einzelnen Erscheinungen der sozialistischen Wirklichkeit der DDR, so gilt im vorliegenden Buch seine massive Kritik dem ganzen so-

zialistischen System. Die Zusammenstellung der Texte... suggeriert dem Leser die Unmenschlichkeit der gesellschaftlichen Ordnung in der DDR, die die jungen Menschen zur Unehrlichkeit, zur Heuchelei und zum Duckmäusertum erzieht, die keine selbständige Meinung duldet und die jungen Menschen einem geistigen und auch institutionellen Terror aussetzt, an dem sie mitunter zerbrechen... Ein ausgeklügeltes Überwachungssystem – von der Schule bis zum Privatleben des einzelnen – sorgt dafür... Besonders aufschlußreich für die Position des Autors ist der Text »Aber Helden«, in dem ein Soldat der Nationalen Volksarmee berichtet, wie die bewaffneten Kräfte der DDR auf [den] Einmarsch in die ČSSR vorbereitet wurden. Auch hier kommt es dem Autor [darauf] an, die Verlogenheit der »offiziellen« Propaganda des Staates zu zeigen... Resümierend kann gesagt werden: die von R.K. zusammengestellten Texte zielen in ihrer Gesamtheit darauf ab, dem gesellschaftlichen System in der DDR einen antihumanistischen Charakter zu unterstellen... Die einfache, einprägsame Sprache der Kurzprosa R.K.s läßt vermuten, daß der Autor auf eine größere Wirksamkeit des Buches speziell unter jungen Lesern rechnet.

J..., 11.10.1976   (Unterschrift)

★

Gera, den 12.10.76
Quittung
Für die Anfertigung zweier Gutachten über die »Werke« des Schriftstellers Reiner *Kunze* wurde dem Prof.W... ein Geschenk im Werte von
   M 140,70
   (Einhundertvierzig 70/100)
überreicht.
SK 6000

70

Protokoll (Gera, den 10. 11. 1976)
... Straffe Durchgliederung der Tagesanalyse nach folgenden
Schwerpunkten:
  Kontrolle des Verhaltens und des Bewegungsablaufes...
  der Vorgangsperson; ...
  Stimmungen und Meinungen zu K., differenziert nach Kreisen der Bevölkerung (Arbeiter, Intellektuelle, Kulturschaffende u.a.) ...
Erarbeitung einer historisch objektivierten Analyse des Mach-
werkes »Die wunderbaren Jahre« ..., um *Kunze* der Lüge zu
überführen ...
Die Informationen des IM »E.« über den Nachbarn in Leiningen, V..., überprüfen. Ziel: Die Wohnung des V. als gedeck-
ten Posten zu benutzen.

Greiz, den 11. 10. 1976
Am 8. 10. 1976 teilte mir meine Mutter mit, daß sie am
21. 09. 1976 den Greizer Schriftsteller Reiner *Kunze* ... im
1. Programm des Westfernsehens gesehen habe ... Der Name
Kunze sei ihr erinnerlich, da mein Schwager [es folgen Name
und Wohnort] bei der Frau *Kunze* Sprachunterricht [in]
Tschechisch [nahm] und zur Familie *Kunze* angeblich Beziehungen ... habe. *Kunze* und Frau haben meinen Schwager
sowie seine Familie ... schon besucht.

★

Gera, den 12. 10. 1976
Teils offiziell, teils inoffiziell wurde bekannt, daß von [den]
Evangelischen und Katholischen Studentengemeinden Ver-
anstaltungen mit Reiner *Kunze* durchgeführt werden sollen,

71

und zwar am... in Halle, am... [abermals] in Halle, am...
in Freiberg/Sa., am... in Mansfeld... Es wird gebeten, ein
Auftreten des *Kunze* zu verhindern.

★

Berlin, 13. 10. 1976
Der Sekretär des Schriftstellerverbandes der DDR informiert...: Es ist beabsichtigt, daß der Schriftsteller Hermann
Kant einen Artikel für das »Neue Deutschland« schreibt, in
dem er sich gegen die... Praktiken des BRD-Schriftstellers
Heinrich *Böll* ausspricht. In diesem Artikel soll Hermann
Kant auch die feindlichen Aktivitäten von *Kunze*... behandeln... Am 3. 11. 1976 wird das Präsidium des Schriftstellerverbandes zu einer Sondersitzung zusammengerufen, um
den Ausschluß *Kunzes* aus dem Schriftstellerverband der
DDR zu bestätigen. Genosse *Henniger* erklärte dazu, daß er
bei der Bestätigung... mit keinerlei Schwierigkeiten rechnet,
da Hermann *Kant* und auch Erwin *Strittmatter* der Ansicht
sind, daß... es Zeit wäre, *Kunze* aus der DDR auszuweisen.

★

Telegramm Dringend (Berlin, den 15. 10. 1976)
Durch eigene Quellen wurde bekannt, daß der Schriftsteller
Reiner *Kunze* verstärkte Aktivitäten... zur Verbreitung seiner antisozialistischen Auffassungen... entwickelt. Der Genannte hält sich zur Zeit nicht an seinem Wohnort auf, sondern soll sich bei einem uns unbekannten Pfarrer befinden.
Folgende Veranstaltungen... sind uns... bekanntgeworden:
am... in Magdeburg; ...am... [abermals] in Magdeburg,
Veranstalter: Evangelische Studentengemeinde... (Die Veranstaltungen... sollen bereits ausverkauft sein.) Die zuständi-
gen Bezirksverwaltungen wurden gebeten, ...ein Auftreten
des *Kunze* zu verhindern.

★

Gera, den 17.10.1976

... Auf die Frage, ob der GMS [»K.«] bereit wäre, zur Verunsicherung des *Kunze* beizutragen, antwortete er, daß er dies im Rahmen seiner Funktion als Hausvertrauensmann schon längere Zeit tut.

★

Gera, den 21.10.1976

Entsprechend einer fernmündlichen Vereinbarung wurde am 20. Oktober 1976 in der Zeit von 19.05 bis 21.20 Uhr der GMS »K.« in seiner Wohnung in Greiz... durch den Unterzeichneten und den Mitarbeiter der Abt. 26, Genossen B..., aufgesucht.

Ziel des Besuches war, die Bereitschaft des GMS sowie seiner Frau zu testen, bestimmte operative Maßnahmen in ihrer Wohnung zu gestatten und zu unterstützen... Die Ehefrau brachte zum Ausdruck, daß sie zu dem Schluß gekommen ist, daß *Kunze*... ein Gegner unseres Staates ist, den man hart bestrafen sollte. Sie habe ihn bisher als vernünftigen und begabten Menschen eingeschätzt... Die Ehefrau und der GMS verurteilten die Machenschaften des *Kunze*.

Mit dieser Einstellung... war der Zeitpunkt gekommen, das Anliegen unseres Besuches taktisch vorzubringen... Genosse B., Abt. 26, sagte..., daß wir bestimmte technische Mittel zum Einsatz bringen könnten, doch... dazu brauchten wir ihre Einwilligung... und Mithilfe... Der GMS »K.« sagte sinngemäß: »Ich mache alle handwerklichen Arbeiten in meiner Wohnung selbst..., hämmere und bohre – das wissen alle im Hause. Ich könnte doch ein Loch in die Wand zu *Kunzes* bohren, wäre das nicht möglich?«... Bedenken hatte der GMS lediglich..., daß wir durch diese Maßnahme auch in seine Intimsphäre eindringen und mithören könnten, was in seiner Wohnung geschieht und gesprochen wird... Diese Meinung wurde durch Genossen B. zerstreut, indem er sagte, daß hier Vertrauen gegen Vertrauen steht und wir nicht die Absicht haben, seine Intimsphäre zu stören.

Die Ehefrau des GMS »K.« brachte zum Ausdruck, daß ihr das etwas peinlich sei, einen Menschen, den sie bisher hochgeschätzt habe, zu »bespitzeln«, und daß sie ihm (*Kunze*) nicht mehr ehrlich in die Augen schauen könnte. Mit Unterstützung ihres Ehemannes wurde ihr klargemacht, daß die Maßnahmen, die wir zur Abwehr von Angriffen gegen unsere humanistische Gesellschaftsordnung treffen, doch nichts mit der im Kapitalismus praktizierten Bespitzelung fortschrittlicher Kräfte zu tun habe. K. stelle sich mit seinen antisozialistischen Machwerken gegen unsere sozialistische Gesellschaft und verdiene es nicht, von ihr geschätzt und geachtet zu werden. Ihr Mann sagte: »Mutti, wir dürfen uns an dem, was *Kunze* tut, nicht mitschuldig machen. Er ist kein Mensch unserer Gesellschaft, bei dem dürfen wir keine Skrupel haben.« Man merkte, daß die Frau des GMS innerlich mit sich rang... Beide gaben ihre Zustimmung, ihre Wohnung uns zur Verfügung zu stellen und die vorgesehenen Maßnahmen zu unterstützen. Sie wurden eindringlich darauf hingewiesen, über die geführten Gespräche strengstes Stillschweigen zu bewahren.

★

Protokoll über eine Absprache bei der Hauptabteilung XX... (Gera, den 29.10.1976)
Festlegungen
Ständige ununterbrochene Kontrolle des *Kunze* mit allen zur Verfügung stehenden Mitteln...
Bedeutende Informationen sind ständig und schnell zwischen der Abteilung XX..., Gera, und der Hauptabteilung XX auszu-

tauschen. Bei ganz dringenden Informationen den Fernsprecher benutzen.

Alle weiteren Maßnahmen zur Verunsicherung der Vorgangsperson sind... vorzunehmen. Dabei ist zu beachten, daß sich die Vorgangsperson durch progressive Kräfte nicht beeinflussen läßt. Er... ist ein Feind des Sozialismus – von dieser Erkenntnis muß stets ausgegangen werden.

Weiter ist zu beachten, daß der Vorgangsperson nichts über die Maßnahmen des Ministeriums für Staatssicherheit bekannt wird, da die Gefahr besteht, daß er darüber in seinen Machwerken, Interviews usw. berichtet. Zur Verunsicherung nur zuverlässige IM einsetzen.

Die vorgesehenen Maßnahmen der Abteilung 26 B werden von der Hauptabteilung gebilligt und sollten schnellstens durchgesetzt werden...

Bei einflußreichen Schriftstellern der DDR besteht die Meinung, daß ein Ausschluß *Kunzes* aus dem Schriftstellerverband nur dann einen Sinn hat, wenn weitere Maßnahmen folgen.

Protokoll (Gera, den 29. 10. 1976)
... Genosse W... überprüft, ob ein geeigneter IM zur Bearbeitung der [Tochter] Marcela *Kunze* in Jena vorhanden ist bzw. geschaffen werden kann...

Das Machwerk »Die wunderbaren Jahre« ist einem zuverlässigen Juristen zu übergeben, damit dieser es vom strafrechtlichen Standpunkt her... begutachtet.

Ministerrat der Deutschen Demokratischen Republik
Ministerium für Staatssicherheit
Geheim!
Beobachtungsbericht
26. Oktober 1976
07.00 Uhr wurde die Beobachtung von »Lyriker« in
    Greiz, Franz-Feustel-Str. 10,
begonnen. Da bis 14.00 Uhr »Lyriker« nicht gesehen werden
konnte, wurde die Beobachtung für diesen Tag unterbrochen.

★

Gera, den 03.11.1976
Information zu... *Kunze* (Ausschluß aus Verband)
...In der Diskussion verlas Wolfgang *Held*... die Stellungnahme von Reiner *Kunze*, in der eine eindeutig antisozialistische, DDR-feindliche Position deutlich wird. *Kunze* stellt sich
dort vollinhaltlich hinter seine Aussagen im Buch »Die wunderbaren Jahre« und behauptet, daß alles von ihm Erlebte
und zur Kenntnis Genommene Tatsachen aus der DDR-Wirk-
lichkeit seien, er allerdings mit diesem Buch nur die Spitze...
[des] Eisberges sichtbar gemacht habe. *Kunze* unterstrich...,
daß sich nach seiner Auffassung im Vereisungsprozeß der
DDR faschistoide Machtstrukturen dergestalt ausgeprägt hätten, daß der Sicherheitsdienst alle Vorgänge im Leben be-
herrscht und die meisten Bürger über diesen Vereisungsprozeß gar nicht mehr nachdenken. Dieses Nachdenken wolle er
mit seinem Buch anregen. Er ist nach wie vor davon überzeugt, daß eines Tages dieses Buch auch in der DDR erscheinen werde.

★

Gera, den 05.11.1976

Sicherungsplan zur Durchführung der operativen Maßnahmen der Abteilung 26 in Greiz, Franz-Feustel-Straße 10

Um... eine hohe Sicherheit und Konspiration zu gewährleisten, werden folgende Aufgaben festgelegt:

1. Absicherung der Vorgangsperson und seiner Familienangehörigen während der Durchführung der Maßnahmen

1.1. Vorgangsperson »Lyrik«

Am Vortag..., ab 6.00 Uhr, ist die Vorgangsperson unter ständiger Kontrolle zu halten... Steht fest, daß sich die Vorgangsperson am Tage der Durchführung der Maßnahmen 26 B in Leiningen befindet, so ist... zu verhindern, daß sie mit dem eigenen Pkw nach Greiz gelangen kann. Um die Vorgangsperson... nach Leiningen zu bekommen bzw. sie dort zu binden, ist durch das Volkspolizeikreisamt Greiz – Abteilung Feuerwehr – ... eine vorbeugende Brandschutzkontrolle... durchzuführen. Hierzu sind alle Bürger zu verständigen, daß... jemand anwesend sein soll... Für die Kontrolle sind möglichst zwei aufeinanderfolgende Tage auszuwählen, und zwar an einem Tage der Ortsteil Leiningen und am anderen Tage Gablau ... Damit ist die Möglichkeit gegeben, ... auszuweichen...

1.2. Ehefrau der Vorgangsperson

Frau Dr. K. verläßt von Montag bis Freitag zwischen 6.15 und 6.30 Uhr ihre Wohnung... Die Wohnung, in der die Maßnahme durchgeführt werden soll, wird erst betreten, wenn mit Sicherheit festgestellt wurde, daß sich keine Personen mehr in der Wohnung der Vorgangsperson aufhalten. Um zu verhindern, daß die Ehefrau der Vorgangsperson... zwischenzeitlich ihre Wohnung betritt, ist sie in der Jugendzahnklinik unter Kontrolle zu nehmen. Über die Abteilung Gesundheitswesen beim Rat des Kreises Greiz, möglichst den Kreisarzt, ist an diesem Tage die Frau Dr. K. sofort bei Dienstbeginn aufzufordern, sich für eine Aussprache bereitzuhalten.

1.3. Tochter der Vorgangsperson

Die Tochter... ist bei der Deutschen Post in Jena beschäftigt... Über Schlüsselpositionen... ist zu gewährleisten, daß die Marcela K... für den Dienst eingeteilt ist und diesen... aufnimmt.

1.4. Reinemachfrau

Um ein zufälliges Erscheinen zu verhindern, ist Frau H... zur Klärung einiger Angaben in ihren Rentenunterlagen zur Sozialversicherung in Greiz zu bestellen.

2. Absicherung der übrigen Hausbewohner

Alle übrigen Hausbewohner wurden überprüft, und es ist keiner negativ erfaßt. Mit Ausnahme von Frau M... sind alle berufstätig und [arbeiten] in normaler Tagesschicht... Der GMS »K.« ist... in der Wohnung anwesend.

3. Absicherung für besondere Vorkommnisse

Für den Fall, daß sich ein Betreten der Wohnung der Vorgangsperson notwendig macht, ist ein Mitarbeiter der Abteilung VIII [zuständig u.a. für konspirative Wohnungsdurchsuchungen] in der Nähe zu postieren, damit er jederzeit eingesetzt werden kann.

★

Gera, den 9. 11. 1976

Am 08. 11. 76, um 15.30 Uhr, wurde der GMS »K.« auf einer unbelebten Nebenstraße... in den Dienst-Pkw aufgenommen. Der Treff wurde in einem Waldstück zwischen Weida und Greiz durchgeführt. Frau J..., die mit *Kunze* im Haus wohnt, äußerte, daß es der *Kunze* gar nicht wert ist, bei uns so human behandelt zu werden, denn der *Kunze* ist für sie ein Spitzel der BRD und gehört hinter Schloß und Riegel. Sie als Genossin hat nichts, absolut nichts Gemeinsames mit dem Herrn da unten (gemeint ist *Kunze*). Das ist auch die Meinung ihres Mannes und vieler anderer... im Hause und in der Straße.

★

Gera, den 9. 11. 1976

Telegramm Dringlichkeit: »Flugzeug«

Inoffiziell wurde bekannt, daß der Schriftsteller Jurek *Becker*
und andere keine klare Position zum Ausschluß *Kunzes* bezie-
hen ... Ein ... Austritt ... dieser Schriftsteller ... aus dem Verband ist daher nicht ausgeschlossen ... Als Reaktion von außerhalb der DDR wurde bekannt, daß eine Anzahl Mitglieder
des schweizerischen Schriftstellerverbandes, die auch in der
DDR publiziert werden, dem K. ihre Solidarität versichern ...
Die Mitglieder der Abteilung Literatur der Akademie der
Künste Berlin (West) übermittelten per Fernschreiben ihre
Solidarität mit *Kunze*, in dem es wörtlich heißt: »Wir, Mitglie-
der der Abteilung Literatur der Akademie der Künste, sind
mit Ihnen solidarisch. Wir werden uns dafür einsetzen, daß
die Beschlüsse von Helsinki ernstgenommen und verwirklicht
werden.« Unterschriften: Jean *Améry*, Günther *Anders*, Hans
Bender, Pierre *Bertaux*, Günter *Grass*, Lars *Gustaffson*,
Michael *Hamburger*, Rudolf *Hartung*, Helmut *Heissenbüttel*,
Zbigniew *Herbert*, Walter *Höllerer*, Ernst *Jandl*, Hans *Mayer*,
Friederike *Mayröcker*, Luise *Rinser*, Hans *Scholz*, Franz
Tumler ... In der Haltung *Kunzes* kommt zum Ausdruck, daß
er einen verhärteten feindlichen Standpunkt ... einnimmt und
auf Anfragen ... antwortet: »Dieses Buch würde ich immer
wieder schreiben.« ... In Greizer Schulen, Einrichtungen und
Betrieben werden zustimmende Reaktionen [zum Ausschluß
aus dem Schriftstellerverband] bekannt, und es werden teil-
weise weitere Schritte ... gegen *Kunze* erwartet.

★

Telegramm Dringlichkeit: »Flugzeug«
Aus Diskussionen... wurde durch IM bekannt, daß in Künst-
lerkreisen des Geraer Kabaretts »Fettnäpfchen« die Meinung
vertreten wird, daß der Ausschluß *Kunzes* aus dem Schriftstellerverband eine harte Maßnahme sei. Der... freischaffende
Schauspieler Dieter L..., der auch einen Gastvertrag mit der
Volksbühne Berlin hat, vertritt die Meinung: »*Kunze* ist ein
guter Schriftsteller. In der Form, wie er die Schriftstellerei be-
treibt, ist er der Beste bei uns.« L... interessierte sich für den
Wohnort *Kunzes*. Der Schauspieler Werner B... von den
Bühnen der Stadt Gera äußerte sich negativ zum Ausschluß
des *Kunze*... und steht auf dem Standpunkt, einen Schriftsteller, der bestimmte gesellschaftliche Verhältnisse kritisiert,
dürfe man nicht bestrafen, sondern man müßte ihm noch
dankbar sein, daß er den Mut zur Kritik aufbringt. B... wurde
in der Vergangenheit bereits operativ bearbeitet.

★

Gera, den 18. 11. 1976
Telegramm Dringlichkeit: »Flugzeug«
Inoffiziell über die Abteilung 26 wurde bekannt, daß *Kunze*
mit seiner Tochter sprach... Die Angelegenheit *Biermann*
[Ausbürgerung] ist für *Kunze* furchtbar. *Kunze* bezeichnet es
als Verleumdung, Diffamierung und Pogromhetze von *Kant*,
was [dessen Äußerungen in Westberlin] über die Tochter und
die Familie betrifft.

★

Gera, 18. November 1976
Aus den Personenkreisen der Evangelischen und Katholischen Studentengemeinden und einigen reaktionären kleri-
kalen Kreisen ist spürbar, daß diese bemüht sind, *Kunze* zu
Lesungen, Vorträgen und Gesprächen... einzuladen... Fast

80

täglich könnte *Kunze* bei Wahrnehmung aller... Anforderungen... auftreten. *Kunze* sagte bisher jedoch die Mehrzahl dieser Veranstaltungen mit der Begründung ab, dies im Interesse seiner Person und »aller weiteren Lesungen« zu tun... Weiterhin ist nicht auszuschließen, daß *Kunze* mit Vertretern der Ständigen Vertretung der BRD in der Hauptstadt der DDR zusammentrifft.

★

Gera, 20. 11. 1976
Telegramm Dringlichkeit: »Ausnahme«
Kunze hat an *Corino* ein Material gesandt, vermutlich auf Kurierwege, wo er auf die aufgeworfenen Fragen von Hermann *Kant* in Westberlin Antwort gibt.

[Auszug:]
Kant: »Er (Kunze) ist zum Beispiel zu der Versammlung (des Schriftstellerverbandes in Weimar, auf der ich ausgeschlossen wurde. R.K.) ... nicht erschienen und hat... dadurch... deutlich gemacht, wie dringlich es ihm ist, in dem Verband zu bleiben.« Herr Kant verschweigt, daß ich am 19. 10. aufgrund eines Telegramms sofort, also am selben Tag, nach Weimar zu einem offiziellen Gespräch mit den Vorstandsmitgliedern Greiner-Mai, Held, Müller und Thürk gefahren bin. Nach diesem Gespräch bestand für mich allerdings kein Zweifel mehr, daß der Ausschluß beschlossen war. Ich kenne die Mechanismen. Deshalb erübrigte es sich nicht nur, an der folgenden Versammlung teilzunehmen, sondern ich war gehalten, sie zu meiden: Ich habe nur *eine* Gesundheit.
Kant: »Ich habe mir nicht erlaubt, zum Beispiel diese infame, infame Urnen-Geschichte zu schreiben, weil sie eine ganz widerwärtige üble Lüge ist...« Der Text (»Schießbefehl«) entstand aufgrund eines Gedächtnisprotokolls, das

unmittelbar nach dem Bericht der Mutter niedergeschrieben wurde. Der Name der Mutter: Martha Komorek. Damaliger Wohnort: Greiz. Die Frau starb kurz nach dem Tod ihres Sohnes. Die im Text verwendete Abkürzung »P...« bedeutet »Plauen (Vogtland)«. Bei dem Bericht der Mutter waren Zeugen zugegen.

★

Gera, den 21. 12. 1976
Abschrift eines Briefes aus Kirchenkreisen an den Bischof
Am 19. November fand... eine Dichterlesung mit dem Schriftsteller Reiner *Kunze* statt. Die Veranstaltung verlief völlig diszipliniert, ohne irgendwelche Zwischenfälle. Ein gemeinsam gesprochenes Vaterunser wurde am Schluß gebetet. Bald danach setzten Vorladungen durch verschiedene staatliche Organe ein... Dauer der Befragung[en] ca. 3–19 Stunden in zum Teil harter Weise. Ein[er]... wurde gegen 24.00 Uhr, ein anderer nachmittags von seiner Arbeitsstelle abgeholt... Es wurde aufgefordert, dem Staatssicherheitsdienst Informationen zu geben...

★

Gera, den 23. 11. 1976
Telegramm Dringlichkeit: »Ausnahme«
Veranstaltung mit Reiner *Kunze*... im Kurort »Rathen«...:
An dieser Veranstaltung haben ca. 50 Personen teilgenommen... Über die Veranstaltung selbst wurde bis jetzt nichts bekannt, da die vorgesehenen IM trotz ihrer Bemühungen, vom Studentenpfarrer... eine Einladung zu erhalten, nicht an der Veranstaltung teilnehmen konnten. Beiden IM wurde zwar die Teilnahme in Aussicht gestellt, doch bei der Abreise wurden sie nicht mitgenommen. Als Grund wurde angegeben, daß nicht

genügend Quartiere vorhanden seien... Durch die Bezirksverwaltung Dresden... wurden entsprechende operative
Maßnahmen eingeleitet...

★

26. 11. 1976
Im Zusammenhang mit der Situation des K. wurde inoffiziell
bekannt, daß seit ca. zwei Monaten viele Personen postalisch
oder telefonisch versuchen, mit dem K. Kontakt aufzunehmen. Das reiche von 20–30 Briefen täglich bis zu Anrufen von
Journalisten aus der BRD, die telefonisch Fragen beantwortet
haben wollen.

★

Greiz, den 27. 11. 76
Zu einem Besuch des neu berufenen... Pfarrers B... beim
Kreissekretär des Kulturbundes, B..., Greiz
...Pfarrer B... wünschte einen Brief von Persönlichkeiten
aus den verschiedensten Bereichen des Lebens, die sich gegen
Repressalien gegen Reiner *Kunze* und Wolf *Biermann* aus-
sprechen sollten. (»B.«)

★

Gera, den 29. 11. 1976
...Superintendent S... wurde... unmißverständlich darauf
aufmerksam gemacht, daß wir auch von der Kirche nicht die
Macht in unserem Staat antasten lassen..., daß ihm ein[e]
Ordnungsstraf[e] ausgesprochen wird, und daß bei weiteren
Verstößen und Versuchen, sich mit Leuten wie *Kunze* zu
liieren..., die einschlägigen Gesetze unserer Republik gegen-
über ihm und anderen zur Anwendung gebracht werden.

★

Dresden, den 30. 11. 1976

Folgende Pkw standen bei der kirchlichen Veranstaltung [mit Kunze am] 30. 11. 76 gegen 19.30 Uhr bis 22.15 Uhr in unmittelbarer Umgebung der Dreikönigskirche abgeparkt: [es folgen 40 Kfz-Kennzeichen-Nummern mit Angabe der Fahrzeugart und Fahrzeugfarbe].

★

01. 12. 1976

Der IM [»Ha.«] nahm im Jahre 1975 ... an der Brigadefeier der PGH-Raumgestaltung [Produktionsgenossenschaft des Handwerks] in Greiz teil. Die Ehefrau des Leiters dieser PGH, M ..., brachte die Unterhaltung auf den Schriftsteller *Kunze*. Die M ... ist vorbestraft [und ist für] den *Kunze* und dessen Arbeiten.

★

Zwickau, den 1. 12. 1976

Gegen 19.00 Uhr begaben wir uns zu dritt ... zu Fuß zu der Kirche, in der *Kunze* seine Lesung hielt. Der Pfarrer wollte mich erst nicht reinlassen. Erst als der *Vaatz*, den ich dort wiedertraf, erklärte, daß ich zu ihm gehöre, erhielt ich Einlaß ... Wie mir der *Vaatz*, Arnold, erzählte, muß jeder, der einen Freund mitbringt, für diesen bürgen. Es müsse absoluter Verlaß darauf sein. Der *Vaatz* kennt den *Kunze* persönlich. *Vaatz* ist sehr intelligent. Auf meine Frage, wann ich ihn einmal besuchen kann, antwortete er, vorläufig nicht, er habe so ein dummes Gefühl.

★

Gera, den 10. 12. 1976

Am 10. 12. 1976 führte *Kunze* mit seiner Ehefrau ein Telefongespräch, in dem er sie um ihre Meinung zu dem Brief an Erich Honecker fragt. Der Brief hat folgenden Wortlaut:

Einschreiben

...Sehr geehrter Herr Honecker,

verzeihen Sie mir, daß ich Sie belästige, und verzeihen Sie, daß ich unterstelle, in der DDR könnte Unrecht geschehen (es geschieht viel Unrecht, und es geschieht nicht selten gnadenlos).

Meine dringende Bitte, helfen Sie zu verhindern, daß dem jungen hochbegabten Schriftsteller Jürgen Fuchs und all den unbekannten Bürgern in der DDR, die sich im Zusammenhang mit der Ausbürgerung Wolf Biermanns und meinem Ausschluß aus dem Schriftstellerverband eine eigene Meinung gebildet und dieses geäußert haben, weiterhin Leid zugefügt wird...

Nachschrift: Sicherlich stimmen Sie mit mir darin überein, daß der gerichtlich verfügte Hausarrest gegen Professor Havemann, ...dessen Schicksal mich... tief betroffen macht, in unser aller Interesse noch vor dem Weihnachtsfest aufgehoben werden sollte.

Gera, den 17. 12. 1976

Im Zusammenwirken mit der Abteilung -M- konnte festgestellt werden, daß nach wie vor die Sympathiebekundungen für *Kunze*, vor allem aus der BRD, anhalten.

★

Berlin, 22. 12. 1976

Am 22. 12. 1976 wurde eine Absprache... über strafrechtlich zu beachtende Faktoren bei der Festlegung von Maßnahmen zur Unterbindung der... Aktivitäten des... Lyrikers Reiner *Kunze* durchgeführt... Die Klärung nachstehender Sachverhalte soll... dazu beitragen festzustellen, inwieweit *Kunze* im Besitz von Beweis- oder Argumentationsmaterial wie Briefen,

Festlegungen und Begründungen ist, die er bei der Einleitung staatlicher Maßnahmen gegen ihn für sich und gegen die DDR ausnutzen könnte... Im Ministerium für Kultur – Hauptabteilung Verlage – ist zu prüfen, ob *Kunze* im Besitz von Schriftstücken und Briefen ist, die ihm die Genehmigung zur Veröffentlichung seines Buches »Die wunderbaren Jahre« im S. Fischer Verlag / BRD gestatten (was hat *Kunze* darüber in der Hand, und was liegt beim Ministerium für Kultur darüber vor)... Durch die Hauptabteilung IX... wird im laufenden Ermittlungsverfahren gegen Jürgen *Fuchs* geprüft, welchen Charakter seine Verbindung zu *Kunze* trägt, und welche gesellschaftsschädigenden Auswirkungen sich daraus ergeben. (Daraus können weitere Maßnahmen gegen *Kunze* abgeleitet werden wie z.B. Begründung zur Beauflagung durch den Staatsanwalt u.a.)... Durch die Bezirksverwaltung Gera ist zu gewährleisten, daß bei künftigen Lesungen positive Personen dem *Kunze* auf seine negativen und feindlichen Äußerungen gegen die DDR [hin] widersprechen, sich dagegen verwahren und nach Festlegung des geeigneten Zeitpunktes bei der Volkspolizei offiziell Anzeige erstatten. Die Reaktionen des *Kunze* sind in solchen Fällen zu dokumentieren.

★

Gera, den 22. 12. 1976
Auftragsgemäß vereinbarte ich mit Frau Dr. Elisabeth *Kunze* telefonisch einen Termin... mit Legende... Ich möchte... zum Ausdruck bringen, daß sich sowohl Reiner als auch Elisabeth *Kunze* fast am Ende ihrer physischen Kräfte befinden... Ich glaube nicht, daß die physische und psychische Zerrüttung, die mir am 20. 12. bei *Kunze* deutlich geworden ist, mit der Maßnahme des Schriftstellerverbandes im Zusammenhang steht, *Kunze* auszuschließen. Nach meiner Einschätzung [ist]... diese psychische Zerrüttung mehr auf eine Zermür-

bung im Bereich der Ungewißheit [zurückzuführen]. Während ich vor Monaten noch daran glaubte, daß Reiner *Kunze* eine Ausbürgerung oder Übersiedlung in die BRD als die... unliebsamste Maßnahme gegen sich betrachtete, gewann ich am 20. 12. 76 endgültig den Eindruck, daß sich Reiner *Kunze* geistig bereits damit abgefunden hat... Ich glaube nicht, daß Reiner *Kunze* diese Spannung der Ungewißheit noch sehr lange aushalten wird. (»B.«)

★

Gera, den 28. 12. 1976
Telegramm Dringend
Im Zusammenwirken mit der Abteilung -M- wurde bekannt, daß sich *Kunze* wiederum mit dem BRD-Journalisten Karl *Corino* in Verbindung setzte und diesem mitteilte: »Meine größte Sorge sind jetzt diejenigen, die keine Öffentlichkeit haben... Wenn man nicht aufhören wird, diese Leute zu verfolgen, wird keine Ruhe werden. Dann *müssen* sie mich einsperren. Du kannst jedenfalls unbesorgt sein, wir werden versuchen zu tun, was in unserer Kraft steht (›Macht‹ möchte ich nicht sagen).«

★

Operativplan (Gera, den 07. 01. 1977)
Die Maßnahmen der Verunsicherung werden in folgenden Komplexen durchgeführt:
über Schlüsselpositionen der Landeskirche Thüringen,
über Schlüsselpositionen im Bereich des Gesundheitswesens,
durch organisierten Versand von offiziellen Briefen...,
in denen die Empörung zur Haltung der Vorgangsperson zum Ausdruck gebracht wird,

durch Auferlegung staatlicher und gesellschaftlicher Maßnahmen,

durch operative Maßnahmen...

Maßnahmen zum organisierten Versand von Briefen usw.

Aus dem Bestand der IM... sind absolut zuverlässige und geeignete IM auszuwählen, die offiziell Briefe an die Vorgangsperson mit differenziertem Inhalt und zu unterschiedlichen Zeiten versenden. Dies ist so durchzuführen, daß bei den real existierenden Personen keine Organisationsform zu spüren ist. Dazu sind... erforderlich:

Lehrer – Direktor einer POS/EOS [Polytechnische / Erweiterte Oberschule] – aus dem Fach Deutsch, Geschichte oder Literatur,

Arzt mit kulturell-künstlerischen Ambitionen,

Literatur- und Kunstwissenschaftler,

Student(in) der Friedrich-Schiller-Universität Jena.

Bei allen Kandidaten muß eine direkte bzw. indirekte Beziehung zur Gegenwartsliteratur und zu den Ereignissen um *Kunze* und *Biermann* vorhanden sein bzw. geschaffen werden können. Der Versand der Briefe muß so sein, daß durch Unterschiede... in Niveau, Zeit, Abständen und Inhalt keine gezielte Aktion sichtbar wird... Bei der Abfassung der Briefe ist von der Kenntnis über Abschnitte des Buches und der... Interviews im BRD-Funk-und-Fernsehen auszugehen.

Lehrer: – zu Angriffen des K. gegen die Volksbildung der DDR... Arzt: – K. soll an das humanistische Anliegen seiner Frau erinnert und [ermahnt] werden, nicht auch sie noch als Ärztin mit seinem feindlichen Ansinnen [zu] konfrontieren... Literatur- und Kunstwissenschaftler: – den Nachweis erbringen, daß *Kunzes* Prosa schlechte Prosa ist und nur dem Zweck der Agitation und der politisch-ideologischen Diversion des Gegners dient,

— daß *Kunze* kein Künstler und Schriftsteller mehr ist, sondern ein gekauftes Subjekt des Klassengegners;

— wenn K. sich so für die imperialistische Ideologie engagiert, so soll er doch nach drüben gehen.

Student: ... – Viele fragen, warum passiert dem K. nichts?

— Es wird angezweifelt, daß *Kunzes* antisozialistische Haltung echt ist.

— Er soll überlegen, ob nicht er einen Teil Schuld trägt, daß viele verführt und ... vorzeitig erkannt werden ...

Alle Briefe werden erst nach vorheriger Kenntnis und Zustimmung durch uns abgeschickt ...

Die Leitung der Bezirksverwaltung wird gebeten zu genehmigen, daß bei K. eine periodische und längerfristige Inlandspostkontrolle eingeleitet wird, um Zustimmungserklärungen, die ihn moralisch stärken, differenziert zu konfiszieren, da diese die Maßnahmen der Isolierung und Zurückdrängung sowie der Verunsicherung negativ beeinflussen.

07.01.1977

... Durch das Referat XX ... ist ein offizielles Schreiben des Ministeriums für Staatssicherheit anzufertigen, aus dem hervorgeht, daß das MfS über glaubwürdige Informationen verfügt, die aussagen, daß *Kunze* Konten im Westen besitzt ...

Gleichzeitig ist ... zu prüfen, ob ... sich *Kunze* in seiner Angelegenheit mit Rechtsanwälten in Verbindung setzte ... Für die Einreisesperre von Westjournalisten zu *Kunze* werden vorgeschlagen:

1. J. P. *Wallmann*
2. Dr. Karl *Corino*
3. *Mytze*
4. Dr. Bernt *Richter*

Weiterhin ist zu prüfen, bei welchen Personen die Notwendig-
keit einer Einreisesperre noch besteht.

★

Bezirksverwaltung für Staatssicherheit (Gera, 19. Januar 1977)
[An die] Abteilung Postzollfahndung..., Saalfeld
Aus der Korrespondenz der Person Reiner *Kunze*... mit der
BRD-Person Jürgen P. *Wallmann*...: »Als wir am 1.1. nach
Greiz kamen, lagen... Briefe hinter der Tür... Dabei wieder
einige postalische Nachforschungen nach nicht angekomme-
nen Telegrammen, Belegexemplaren, Einschreibesendun-
gen... Und ein feines Dokument, das man aus einer Sendung,
die von einer dritten Instanz ›angefordert‹ worden war, nicht
wieder entfernt hatte.« ... Es wird um Überprüfung in Ihrer
Diensteinheit gebeten, ob im Rahmen der Kontrolle »Auftrag
B« [gezielte fototechnische Sicherung] und Dokumentierung
[Protokoll und Negative] etwas in einer Postsendung verblie-
ben sein kann und welcher Art dieses... »Dokument« sein
könnte.

★

Gera, den 27. 1. 1977
Telegramm Dringlichkeit: »Flugzeug«
Reiner *Kunze* erhielt durch den Landeshauptmann von Salz-
burg, Dr. Dr. Ing. Hans *Lechner*... folgende Mitteilung:
»Habe die große Ehre und Freude, Sie namens der Salzburger
Landesregierung zu benachrichtigen, daß diese beschlossen
hat, Ihnen auf Grund eines Vorschlages der eingesetzten Jury
gemeinsam mit der österreichischen Lyrikerin Friederike
Mayröcker den ›Georg Trakl-Preis für Lyrik 1977‹ zu verlei-
hen.«

★

Gera, den 4.2.1977
[Einleitung der Inlandspostkontrolle]
Kunze, Reiner...
Kunze, Dr. Elisabeth...
Kunze, Marcela...
1. Allgemein (Abzüge vom Original)
1.1. Alle eingehende Post
1.2. Alle ein- und ausgehende Post folgender Adressen [es folgen 4 Seiten mit Anschriften]
2. Besonderer Informationsbedarf (sofortige Rücksprache mit Abt. XX...; Vorlage der Originale)
— Hetze, operativ bedeutsame Dokumente
— terminliche Vereinbarungen
— Trefftätigkeit (Ort/Zeit)

★

Gera, 04.02.1977
Kunze ruft einen Herrn *Pester*... in Greiz an. Das Gespräch begann *Kunze* mit der Frage: »Guten Tag, ist dort die Abhörzentrale?«
Antwort von P.: »Ja, Sie werden abgehört!«

★

Gera, den 07.02.1977
Informationsbedarf... von den Sicherheitsorganen der ČSSR... Welche politisch-ideologische Entwicklung nahmen die Ehefrau des *Kunze* sowie ihre Eltern in der ČSSR...? Dabei sind besonders die Aktivitäten der Ehefrau im Zusammenhang mit ihrem Schulbesuch sowie dem Studium als Zahnärztin bis zum Kennenlernen des *Kunze* wichtig, [und die] Haltung der Eltern vor 1945 und danach, besonders zu... Ereignissen wie 1953 in der DDR, 1956 in Ungarn, 1961 (antifasch.

Schutzwall in der DDR), 1968 [in der] ČSSR sowie ... zur
Ausweisung *Biermanns* ...

Zur Eheschließung des *Kunze* mit seiner Frau Elisabeth: Was
ist über das Kennenlernen ... zwischen beiden bekannt ...?
Könnten möglicherweise bei diesem Prozeß Personen eine
Rolle spielen, die als »Hintermänner« und Manipulatoren an-
gesehen werden könnten und eventuell Verbindungen zum
kapitalistischen Ausland oder zu reaktionären Kräften in der
ČSSR haben? ...

Koordinierung/Kontrollmaßnahmen in der ČSSR:

— Auftragsgemäße Pkw-Such- und Personenkontrolle durch
die Grenzorgane der ČSSR nach literarischen Schriften und
Dokumenten bei der Ein- und Ausreise ...

— Fließende Beobachtung beider nach Einreise über Kontakte und Verbindungsaufnahme ...

— M- und Postzollfahndungskontrolle der *Mifkas* [Eltern,
Bruder] in der ČSSR.

★

Gera, den 7.2.1977
Durch ein Schreiben der B ..., Christine, wohnhaft ..., beschäftigt als Krankenschwester an der Friedrich-Schiller-Universität Jena, Chirurgische Klinik, ... konnte festgestellt werden, daß die Absenderin ... zu einem ausgewählten Kreis gehörte, der an einer Lesung mit *Kunze* teilgenommen hat. Sie
[schreibt]: »Wenn man jemanden trifft, der *Kunze* kennt und
mag, weiß man schon ungefähr, wie er einzuordnen ist.« Weiterhin will die Absenderin wissen, daß in bestimmten Kreisen
der DDR die Texte von *Kunze* abgeschrieben herumgehen,
und daß sich eine Bekannte das Buch »Die wunderbaren
Jahre« irgendwie besorgt hätte.

★

Gera, den 17. 2. 1977
K. will (nach *Camus*) Auge in Auge mit dem Nichts leben und
im Bewußtsein der Absurdität dieses Daseins Mensch sein
wollen; er will dem Einzelnen helfen – Solidarität üben; will
kein Unrecht im Großen wie im Kleinen unwidersprochen
hinnehmen...
Für R.K. existiert das Absurde auch in der DDR.

Gera, den 18. 2. 1977
Dr. Karl *Corino*... sandte einen Brief an K., in dem lediglich
ein Gedicht von K. und eine Waldlandschaft enthalten waren.
In dem Gedicht heißt es im ersten Vers: »Das waldsein könnte
stattfinden mit mir...« Möglicherweise könnte *Corino* damit
mitgeteilt haben, daß das Zusammentreffen zur Leipziger
Frühjahrsmesse nun doch stattfinden könnte. Entsprechende
pol.-operative Maßnahmen dazu werden im Zusammenwirken mit der Bezirksverwaltung Leipzig eingeleitet.

Gera, den 05. 3. 1977
Maßnahmen anläßlich der Leipziger Frühjahrsmesse 1977...:
Genosse T... sieht keine Möglichkeiten, eine ständige Beob-
achtung der Vorgangsperson »Lyrik« sowie der einreisenden
Verbindungspersonen vorzunehmen, da alle operativen
Kräfte bereits gebunden sind. Vorgesehen ist, in der Wohnung
des St... operative Maßnahmen 26 A und B vorzunehmen...
Außerdem wird durch IM das Haus des St... abgesichert. Die
Personen *Wallmann* und *Corino* werden in Leipzig unter
M-Kontrolle gestellt.

Gera, den 15.3.1977
Am 11.3.77 gegen 9.00 Uhr informierte die Ehefrau des GMS
»K.«, daß die Vorgangsperson soeben Greiz mit dem Pkw verlassen hat. Unterzeichneter und der Mitarbeiter Genosse F...
begaben sich daraufhin sofort nach Leipzig, um die geplanten
politisch-operativen Maßnahmen durchzuführen.

★

Gera, am 25.03.1977
Die Paketsendungen an die Familie *Kunze* halten weiterhin
an.
— Der Rowohlt Verlag... übersendet... 18 Schallplatten
(»Vivaldi...«)
— Eine Dr. W... übersendet ein Paket mit Kaffee, Schoko-
lade, Suppen
— Frau R... übersendet Paket mit 1 Flasche Rasierwasser,
Tee, Fruchtzucker.

★

Gera, den 01.04.1977
Bestätigt wurde, daß *Wallmann* während der Messe mit *Kunze*
zusammentraf. *Wallmann* machte mit K. in Leipzig wiederum
ein Kurzinterview... Er geht auf die Verleihung des Georg
Trakl-Preises in Österreich ein und erkundigt sich nach den
Ursachen... [der] Zurückhaltung [*Kunzes*] gegenüber anwe-
senden Journalisten.
Kunze: »Wenn bestimmte Kräfte, die in der DDR in der
Überzahl sind, die Übermacht gewinnen, blüht uns eine Eis-
blume, hinter der einige von uns erfrieren werden. Ich habe
in Österreich versucht, dagegen anzuhauchen.«
Wallmann geht dann auf die Inhaftierung des jungen Schrift-
stellers Jürgen *Fuchs* ein.
Kunze: »Ich kann und darf nicht in ein schwebendes Verfah-

ren eingreifen. Aber ich kann Ihnen sagen, daß ich genau verfolge, was geschieht. Und jene, die es angeht, werden hoffentlich verstehen, was ich damit meine.«

★

Operativplan (Gera, den 03.04.1977)
IM »E.«..., Leiningen...
GMS »K.«..., Wohnhaus...
Tägliche Information
Sofortinformation bei Vorkommnissen...
Verstärkte Kontrolltätigkeit in der Nähe des Wohnhauses
durch Volkspolizei über Bewegungen und Aktivitäten...
Aus allen ankommenden Informationen ist täglich bis 8.00 Uhr
der Lagebericht zu erarbeiten und der Leitung der Abteilung
... vorzulegen.

★

Gera, den 12.4.1977
Am 11.4.1977 erhielt der IM »E.« von *Kunze* einen Brief mit
folgendem Inhalt: »Am Donnerstag kam in die Abteilung Inneres des Rates des Kreises Greiz ein Herr vom Innenministerium aus Berlin, ... und wir erfuhren, daß wir die DDR innerhalb weniger Tage verlassen werden (der genaue Termin ist
uns noch nicht bekannt).
Wir gehen unfreiwillig freiwillig...
Wir drücken Euch die Hände, danken für alle... Freundschaft... und hoffen, daß Ihr uns in ebenso guter Erinnerung
behalten werdet wie wir Euch...
Bleibt glücklich...«

★

Gera, den 13. 4. 1977

Während des Zeitraumes von der Zusage der ... Veranstaltung in Roßbach [2./3. 4. 77] bis zu seiner Rückkehr ... muß ... *Kunze* aus bisher nicht bekannten Gründen zu seiner Entschlußfassung gekommen sein, die DDR zu verlassen. Diese Vermutung wird noch dadurch bekräftigt, daß Frau *Kunze* ... am 01. 4. 77 ... in einem Ferngespräch ... [sagte], daß die Frau *Döderlein* aus München ... am Montag, dem 18. 4. 77, ... mit ihrem Mann [R. K.] nach Plauen ins Krankenhaus fahren könnte. Folglich hat Frau Elisabeth *Kunze* zu diesem Zeitpunkt noch nichts von einer geplanten Ausreise gewußt ... Am 12. 4. 77, um 13.50 Uhr, rief ... die *Döderlein* aus München an ... Frau D. betonte auf ... Bitte[n] *Kunzes* ..., daß sie ihn vor allen Leuten beschützen werde. Daraus ist zu entnehmen, daß K. ohne viel Rummel in der BRD ankommen will.

★

Gera, den 14. 4. 1977

Durch die Kreisdienststelle Greiz wurde festgestellt, daß *Kunze* und seine Frau die Stadt Greiz gegen 11.30 Uhr mit dem Pkw verlassen haben. Die operative Kontrolle ergab, daß K. ohne Zwischenaufenthalt auf die Autobahn Richtung Hirschberg auffuhr und um 12.40 Uhr an der Grenzübergangsstelle Hirschberg eintraf.

12.45 Uhr Kontrolle abgeschlossen ...

13.09 Uhr K. verläßt Kontrollpunkt in Richtung Hinterland [Bundesrepublik Deutschland].

★

Gera, 15. April 1977

In der Anlage übersenden wir Ihnen die Fahndungsersuchen zur Einleitung einer Einreisesperre [für die] Personen

Kunze, Reiner...
Kunze, Dr. Elisabeth...
Kunze, Marcela...

★

Gera, 9.5.77
[An die] Bezirksverwaltungen/Kreisdienststellen Groß-
Berlin, Rostock, Suhl, Cottbus, Leipzig, Dresden, Erfurt,
Halle, Magdeburg, Karl-Marx-Stadt, Jena, Greiz.
In der Anlage übersenden wir Ihnen eine Aufstellung von Personen, die zu dem im Operativ-Vorgang »Lyrik« bearbeiteten
antisozialistischen Schrifsteller *Kunze*, Reiner, Verbindung
hatten... Wir bitten Sie... zu entscheiden, welche Maßnahmen in bezug [auf] mögliche Rückverbindungen eingeleitet
werden. [Es folgen 30 Seiten mit Anschriften und Kurzkom-
mentar zu jeder Person].

★

Gera, den 04.05.1977
...zur Einleitung politisch-operativer Maßnahmen zur Verunsicherung des in die BRD übergesiedelten antisozialistischen
Schriftstellers *Kunze*... werden folgende... Maßnahmen vorgeschlagen:
Mit Genehmigung des Leiters der Bezirksverwaltung wird...
eine Überprüfung des IM-Bestandes... mit dem Ziel durchgeführt, solche IM auszuwählen, die in der Lage sind, entweder
selbst oder über geeignete Verbindungen in westlichen Mas-
senmedien über *Kunze* zu publizieren und seine Äußerungen
zur DDR in Zweifel zu ziehen...
Im Zusammenwirken mit der Hauptabteilung XX/4 [zustän-
dig für Bekämpfung der politischen Untergrundtätigkeit im
Bereich der Kirche]... [ist] zu prüfen, welche inoffiziellen
Möglichkeiten auf der Linie der Kirchen vorhanden sind, Infor-

mationen über *Kunze* in Kreisen der Kirche im Operationsgebiet [Bundesrepublik Deutschland] zu verbreiten . . .
Nutzung vorhandener Verbindungen von IM im Operationsgebiet mit dem Ziel, . . . die Möglichkeit einer Zusammenarbeit des *Kunze* mit dem Ministerium für Staatssicherheit zu verbreiten.

Karteikarte Operativ-Vorgang »Lyrik«

Nächste Seite: Wohnhaus Franz-Feustel-Str. 10 (oben) und das gemietete Gehöft in Leiningen (unten; auf dem Bild rechts), Aufnahmen aus dem Jahr 1990
Übernächste Seite: Teil I, Band II, Blatt 197 (Beratungsnotizen 20.1.71, 1. Seite; siehe Auszug S. 29)

Foto: Klaus Pester, Greiz

Foto: Klaus Pester, Greiz

Beratung HA II/12   am 20.1.3?

K. in DDR Schwerpunktorgan
Konzentrik? dort obersten
K. kann nicht entlastet werden muß jetzt
mehr ... her wie noch

a) - des Einfluß der K. nicht weiter zunimmt
      verhindern

   - entbinden? weitere Veröffentlichungen
     in WD

   - nicht gestatten des Einfluß in Reihen
     d. DDR der schwächt

   - dieser Einfluß auf ... weitere Schädlichen

   - persönlich auf K. Einfluß in USR ver-
     hindern bedeutet das Frau private
     Beziehungen hat

   (dies einleiten durch Zersetzungsmaßnahmen)
   Op. Arbeit an Männer - durch Tätigkeit
   IM in G. (Beobachtung) -
   versuchen andere Arten der Feindtätigkeit
   nachweisen z.B. kriminelle Delikte
   (z.B. Nebenhstverbindungen lag - Spionage
   wenn A. nach § 106, 107. 220 kann wer ihn
   nicht schädigen

   - Brandstif. bedeutet Rolle d. Kirche - Bar-
     mützig feindlicher Kräfte

   - In der Verbindungssyste erreichen das
     Kirche hat noch WD)

Kreisverwaltung NSB - Verwaltung staatliche Sicherheit Usti n.L.

Anlage Nr. 1

K u n z e, Reiner Staatszugehörigkeit DDR - Einschätzung.

Am 05.11 1970 wurde bekannt aus der Auswertung der Kultur-
Veranstaltung der KSC in Usti n.L. die unter dem Motto
" Feier des hiesigen Grenzpostamtes " lief, an der auch das
Ehepaar K u n z e aus der DDR teilnahm und die Unterhaltung mit
Poesie - Vorträgen verschönern sollte, was im Rahmen des Kultur-
bundes der DDR geschah.

Anfangs, bei der Eröffnung des Abends sprach Kunze immer tschechisch,
verhalten und ehrenvoll und kommt dabei auch in Schweiß.
Er benutzt dabei das Buch , um die Sprache zu lernen. Später in
Deutsch, was seine Frau dann übersetzt.

Er erzählte von einem Häuschen an der Wiese mit einem Zaun und
sauberen Beeten, was auch diesem Häusler gehörte. Heute jedoch
nicht mehr sein Eigentum ist, will er auch nichts mehr darin machen.

Teil I, Band II, Blatt 155 (Ausschnitt aus einem Bericht des Staatssicherheitsdienstes
der ČSSR)

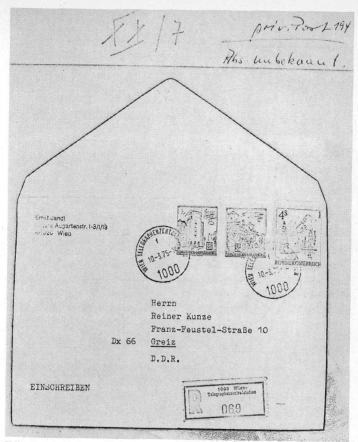

Teil II, Band II, Blatt 194 (Fototechnische Dokumentation des geöffneten Kuverts eines Briefes von Ernst Jandl)

14. X. 73

147

Liebe Marcela Kunze,

du wolltest die die Gedichte
selbst aussuchen – nun habe
ich sie ausgewählt u weiß
nicht, ob es dir so recht ist.
vielleicht schreibst du mir,
ich würde mich freuen.

sei herzlich
dein

jürgen fuchs

Teil I, Band VIII, Blatt 147 (vom Staatssicherheitsdienst entwendeter Originalbrief von Jürgen Fuchs an unsere Tochter)

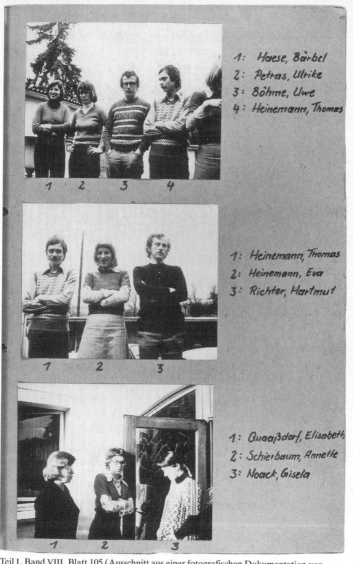

1: Haese, Bärbel
2: Petras, Ulrike
3: Böhme, Uwe
4: Heinemann, Thomas

1: Heinemann, Thomas
2: Heinemann, Eva
3: Richter, Hartmut

1: Quaasdorf, Elisabeth
2: Schierbaum, Annette
3: Noack, Gisela

Teil I, Band VIII, Blatt 105 (Ausschnitt aus einer fotografischen Dokumentation von Teilnehmern der Zusammenkunft in Roßbach – 1. bis 3. 4. 77 –, angefertigt und mit siebzehnseitigem Bericht versehen von einer IM)

242

t sowjetischen Schriftsteller Tendrjakow zusammenführen. Nach Auskunft
s verspricht sich Kunze sehr viel von dieser Begegnung.
kow vertritt in sowj. Literatur in etwa die Linie R.K.
teilung Böhmes waren sich an Ende der Beratung (nachts 2.oo Uhr)
ig, daß man sich gegenseitig mehr treffen und informieren
stmals wurde der Gedanke einer "innerparteilicher eigenen Tendenz"
e einer Opposition nicht nur angedeutet, sondern auch so ausgesprochen.
Möckstraße) Schröder wohnt bereits bei ihm, hat seine übermäßige
it völlig aufgegeben.

unbedingt mündlich !!!!!

Paul Bonkarz

*Teil I, Band V, Blatt 242 (Fotokopie einer Berichtsseite des IM »Paul Bonkarz«;
siehe Anhang)*

Nächste Seite: Teil II, Band II, Blatt 17 (S. 3 der Niederschrift eines abgehörten Telefongesprächs zwischen Peter Huchel, Michendorf, und Reiner Kunze sowie Dr. Uwe Grüning, Greiz, im Berichtszeitraum 22. 10.–27. 10. 1968)

H. erklärt, K. werde das verstehen, es liege ihm sehr am Herzen,
er habe schon andauernt in den ersten Augusttagen versucht ihn
(Kundor) zu erreichen, sei ihm aber nicht möglich gewesen.
K. meint, daß er das glaube, der würde ja nicht mehr in der
Wohnung wohnen, da sein Haus renoviert wird,der habe jetzt eine
andere Wohnung.
H. meint, Hauptsache es ginge ihm gut, er würde sich Sorgen machen.
K. erwidert, persönlich erstmal wäre der Kundor gesund, ebenso
seine Frau.
H. fragt dann den K., ob man denn schon schreiben kann oder habe
das noch keinen Zweck.
K. sagt, H. könne schreiben, daß würde gehen.
Der H. teilt dann mit, daß man ihm seine Rentenreise abgelehnt
habe.
K. meint, daß das doch nicht möglich wäre, das wäre doch unerhört.
H. sagt, auf Beschluß des Ministerrates, das hieße mit anderen
Worten , er käme nie wieder raus, nie wieder weg.
K. meint, daß sei doch unerhört, es gäbe doch ein Gesetz, sie seien
doch alle gleich vor dem Gesetz.
H. sagt weiter, er kenne auch das Gesetz, es gäbe auch ein Gesetz,
die von der Polizei haben ihn auf Beschluß des Ministerrates vom
11. September, er könne dagegen garnichts machen, er müsse also hier-
bleiben.
K. meint,daß ihn das tief erschüttere.
H. sagt weiter, nach 7 Jahren dachte er nun mal 4 Wochen wegzukommen
und auf diese Sache hin hat man ihm das verboten, er werde auch
nicht mehr in die Tschechoslowakei kommen, nach Bulgarien u.s.w.,
er müsse nun hierbleiben und hier verrecken.
K. wirft ein, das sei unerhört.
H. erkundigt sich dann wie es K. gesundheitlich gehe.
K. erwidert, H. könne sich vorstellen das in letzter Zeit sehr viel
auf ihnen gelegen habe.
Weiter teilt K. mit, daß er inzwischen für den Rowolt-Verlag
Korrektur gelesen habe, und er habe sich erlaubt, den H.,in diesen
Band ein Gedicht zu widmen.
H. meint, das sei furchtbar nett.
K. erzählt dann noch, daß er den H. schon einmal ein kleines
gewidmet habe, aber durch eine Umstellung habe er das erste wieder-
zurückgenommen und den H. ein anderes gewidmet, wo zumindest,
wie K. hofft, ein wenig der Meister durchblickt. Der Band werde
Ende Januar erscheinen, bei Rowolt.
K. sagt weiter, er hoffe auch das H. den Band bekommt der bei
Pieper erscheinen soll.
H. erwidert, bei Pieper wäre vor 8 Wochen etwas erschienen, dort
wären von B ö l l und anderen Leuten alle Gedichte enthalten,
ebenso ein Aufsatz von B l o c h. Er habe xxxx diesen Band aber noch
nicht erhalten, der sei verloren gegegangen, er sei vollkommen,
besonders in den letzten 14 Tagen, isoliert.
Weiter sagt H., daß Briefe die er nach Westdeutschland abgeschickt
habe nicht angekommen sind, es sehe sehr finster aus.
K. meint, das sei sehr schlimm, er drücke H. sozusagen telefonisch
die Hand.
Herr Grüning unterhält sich dann kurz mit H.
Herr G. meint, er wäre gern wieder mal hochgekommen, und zwar
am 24. November, ob H. das passen würde.
H. sagt, daß würde passen.
G. sagt noch, er wäre am 23.11. bei F r i e s, und da wäre es schön
wenn er das gleich verbinden könnte.
H. sagt, er solle nur kommen.
G. teilt noch mit, daß sein Band fortschritte mache, der Gerhard
W o l f würde ein positives Gutachten machen.

Schlußbild der Fotodokumentation des Staatssicherheitsdienstes über die Ausreise von Dr. Elisabeth und Reiner Kunze am 13. 4. 1977, und neu angelegte Karteikarte des Staatssicherheitsdienstes (rechte Seite)

Name	K u n z e	**kk-erfaßt**
		Reg.-Nr./Erfassungsart
Geburtsname		Gera
		Bezirk
weitere Namen		XX/ Stiller
Vorname	Reiner	DE/Mitarbeiter
geb. am in	16. 08. 1933 Oelsnitz	Bei registrierten Vorgängen nur Reg.-Nr. und Bezirk, bei sonstigen Erfassungen Art, Bezirk, DE, evtl. Mitarbeiter angeben
Staatsangehörigk.	BRD	
PKZ		
		Archiv-Nr.
Anschriften	D 8391 Obernzell 1 Erlau, Am Sonnenhang 8	Bezirk/ablegende DE
Beruf/Tätigkeit	Schriftsteller	**nicht gesperrt** Mitarbeiter
Arbeitsstelle		Karte angelegt am **2.1.78**

Mit Maschine ausschreiben!

Form 16   O 156 177

0 9. 1. 78 111

Anhang

»Ich tue meine Arbeit wie bisher«

Ibrahim Böhme... plädierte... für volle Aufklärung.
... Anschuldigungen: Böhme sei Ende der sechziger bis
Mitte der siebziger Jahre in Greiz (Bezirk Gera) unter dem
Decknamen Paul Bongartz... für die Stasi als regelmäßiger
inoffizieller Mitarbeiter unter... Führungsoffizieren tätig
gewesen... Böhmes erster großer Fall... sei der Schriftsteller Reiner Kunze... gewesen, der dann 1977 in die BRD
übersiedeln mußte. »Böhme hat die Firma [Staatssicher-
heit] nicht nur mit Informationen beliefert, sondern auch
mit Einschätzungen und Analysen.«

Der Spiegel, 26. März 1990

Gegendarstellung
... Ich bin zu keiner Zeit und an keinem Ort, weder mit
noch ohne Decknamen, als Mitarbeiter der Stasi tätig ge-
wesen und habe auch nicht mit Stasi-Führungsoffizieren zu-
sammengearbeitet...
Ich habe der Stasi keinerlei Informationen o.a. über Reiner
Kunze geliefert.
Berlin, den 15.4.1990
Ibrahim M. Böhme

Der Spiegel, 23. April 1990

In der Akte Reg.-Nr. X/514/68 des Ministeriums für Staatssicherheit der Deutschen Demokratischen Republik, Bezirksverwaltung Gera (Operativ-Vorgang, Deckname »Lyrik«,
Tatbestand Staatsgefährdende Hetze § 106, Staatsverleum-
dung § 220 StGB, *Kunze*, Reiner, ... angelegt am 16.9.68)
befinden sich 54 Seiten Berichte, die mit »August Drempker«,

und 264 Seiten Berichte, Einschätzungen und Analysen, die mit »Paul Bonkarz« gezeichnet sind (Zeitraum »Drempker«: 21.12.1970 bis 5.2.1974, Zeitraum »Bonkarz«: 8.3.1975 bis 11.3.1977).
Über die Person, die unter diesen Decknamen berichtete, gibt die Akte u.a. wie folgt Auskunft:

Quelle: IMS »August Drempker«
erh. am: 10.12.1971
Mitarb.: Ltn. Bräunlich
Tonbandabschrift
... Am 09.11.1971 trafen sich
   Kunze mit Ehefrau,
   Dr. *Hauschild* mit Ehefrau,
   Böhme
in der Wohnung des Dr. *Hauschild* zu einem Abendessen mit anschließendem Gespräch... *Kunze* betonte in dieser Unterhaltung, daß es ihm... um die ungeschickte Art und Weise gehe, wie der Unterrichtsstoff dargeboten wird. Es ist schwer zu sagen, ob dieser Zusatz durch *Kunze* ehrlich gemeint war, aber wegen der Anwesenheit der Familie Dr. *Hauschild* und der Ehefrau des *Kunze* ging ich nicht näher auf diese Auslegung ein.
        Gesprochen von »August Drempker«

★

Quelle: IMV »August Drempker«
erh. am: 20.06.1973
Mitarb.: Oltn. Bräunlich
Kunze bat mich kurzfristig... in seine Wohnung für den 13.06.73 um 21.00 Uhr...

        Dieser Bericht wurde von mir
        auf Band gesprochen.
        »August Drempker«

114

BV Gera
Abt. XX/7
Gen. Wirkner
STRENG VERTRAULICH
Informationsbericht »Schrift« [schriftliche Information über
abgehörte Telefongespräche] vom 6.6.73 bis 13.6.73
Der Herr K. und der Herr *Böhme* (Ruf 2788) vereinbarten,
daß sie sich am Mittwoch um 20.00 Uhr bei dem K. treffen
werden.

Abteilung XX
Quelle: IMV »Bonkarz«
erh.: Gen. Knoll/Müller
am: 21.12.1976
Tonbandabschrift
... So rief ich Frau Dr. *Kunze* am Freitag, dem 17.12.1976,
etwa gegen 20.00 Uhr, erneut an und sagte ihr, daß ich völlig
ungefährdet im Falle Marcela *Kunze* Erkundigungen einzie-
hen könnte. Nach einigen recht schwach erscheinenden Versuchen, mich von einer solchen Handlungsweise abzuhalten,
stimmte Frau Dr. *Kunze* zu und teilte mir sogar die Adresse
..., Gorki-Str. 1, mit.

gez. Quelle

Abt. XX
Gen. Stiller
VERTRAULICHE DIENSTSACHE
Informationsbericht »Schrift«
Frau K. sprach noch einmal mit *Böhme*.

Herr B.: »Falls ich sie bei ihrer Freundin nicht antreffe, welche Wohnadresse hat sie?«

Frau K.: »Gorki-Straße 1. Das ist ein Hinterhaus. Da muß man durch den Hof gehen.«

Dieses Gespräch wurde am 17.12.1976 um 19.02 Uhr geführt.

Abteilung XX
Quelle: IMV »Bonkarz«
erh.: Gen. Knoll / Müller
am: 21.12.1976
Tonbandabschrift
... Am Ende unserer Zusammenkunft übergab Reiner *Kunze* mir das Buch »Die wunderbaren Jahre« mit folgender Widmung:

> »Ein Buch muß die Axt sein für das gefrorne Meer in uns. Daran glaube ich.«
> Franz Kafka

Mit Zwischenraum darunter:

> Für Manfred, einem derer, die kein gefrornes Meer in sich tragen, von
> Reiner
> Dezember 1976

Kreisdienststelle Greiz
Tonbandabschrift
Zu meinem Gespräch am 13.3.1977 ... im Club »Alexander von Humboldt« mit Manfred *Böhme* in seinem Arbeitszimmer ... Von *Böhme* erfuhr ich ..., daß sich die »Media nox« bis ... Berlin ... über dieses Auftrittsverbot beschwert hätte. Mit diesem Verbot überschritt *Herzog* seine Kompetenzen. Aufgrund dessen bekam er vom Rat des Bezirkes einen Verweis.

22.3.1977   gez. »Achim Bergen«

★

Kreisdienststelle Greiz (4. 4. 1977)
Auswertung des Berichtes von »Achim Bergen« zu »Bonkarz« –
Bericht vom 22. 3. 1977
... »Bonkarz« ... gibt an, daß *Herzog* aufgrund des Auftritts-
verbotes der »Media nox« ... (Überschreitung seiner Kompe-
tenzen) vom Rat des Bezirkes einen Verweis erhalten hat.
– Diese Angabe entspricht nicht der Wahrheit ...

(Unterschrift)
Hopfmann
Hptm.

Ende der Zitate zur Person.

Über die Art, in der der inoffizielle Mitarbeiter »Paul Bonkarz«
eingesetzt wurde, heißt es in der Akte:

Abteilung XX (Gera, den 18. 12. 1975)
Planung 1976 – Operativ-Vorgang »Lyrik« ...
IM-Einsatz:
Operative Kontrolle durch IM und anderer spezifischer Mittel
zur Aufdeckung der Verbindungspersonen sowie der Ziele
und Absichten des Gegners bei der Entfaltung des politischen
Untergrundes im Zusammenhang mit der Vorgangsperson.
Dazu werden folgende IM eingesetzt:
... In Koordinierung mit der Kreisdienststelle Greiz der IMF
»Paul Bonkarz« ...
Für ... IM sind konkrete Auftragsstrukturen und ein Informa-
tionsbedarf zu erarbeiten.

★

Bezirksverwaltung für Staatssicherheit Gera (09. März 1976)
Abteilung XX
Plan...
2. Organisierung des IM-Einsatzes zur weiteren zielgerichte-
ten Bearbeitung des Operativ-Vorganges »Lyrik«...
2.1.1. IMV »Paul Bonkarz« zur Herstellung <u>vertraulicher</u> Beziehungen.

★

Abteilung XX/7 (Gera, 17.03.1976)
Hinweise für den Einsatz des IMF »Paul Bonkarz«...
Zur Deckung des Informationsbedarfes... sind folgende Fak-
ten und Probleme von besonderem Interesse:
— Informationen über das neue Buch des *Kunze*
  Welchen konkreten Inhalt soll es haben?
  Von wem, wodurch wurde er angeregt, es zu schreiben?
  Gibt es im Zusammenhang mit diesem Buch Absprachen
  und evtl. Treffen mit anderen Personen?...
  Was ist bekannt über die Aufbewahrung des Manuskriptes /
  Greiz / Leiningen?
— Zusammenfassung aller bisher bekannten Verbindungen
des *Kunze* zu *Biermann*:...
  Gibt es evtl. konspirative Verbindungen zwischen *Kunze*,
  Biermann u.a.?...
— Welche Äußerungen des *Kunze* wurden bekannt hinsicht-
lich seiner Verbindungen zu *Gaus* und Dr. *Bräutigam* von der
Ständigen Vertretung der BRD in der DDR?...

★

[Handschriftlich]
Abteilung XX/7 (Gera, 14.05.76)
Plan Operativ-Vorgang »Lyrik« – Sicherung »Aktion Meilen-
stein 76«

[Einbau einer Abhöreinrichtung]
...1. Einsatz des IMV »Paul Bonkarz« ...zur Feststellung, wo sich die Vorgangsperson aufhält.

★

Abteilung XX (Gera, 20.05.1976)
Protokoll...
Verhaltenslinie für den weiteren Einsatz des IMV »Paul Bonkarz« ...gegenüber der Vorgangsperson sowie gegenüber dem 1. Kreissekretär [der SED; »Paul Bonkarz« hatte auch über ihn konspirativ zu informieren].

★

BV Gera – Abt. XX/7 (24.09.1976)
Protokoll...
Konzentrierter Einsatz des IMV »Bonkarz«. Dabei ist die Rang- und Reihenfolge seiner Aufgaben gründlich festzulegen. Nr. 1 ist *Kunze*. Nr. 2 ist St... [Essen] und Nr. 3 ist der Kreis Berlin sowie St..., Leipzig.
Der IMV »Bonkarz« muß zur Verunsicherung des K. verstärkt genutzt werden, aber nur soweit, daß er nicht das Vertrauen des K. verliert.

★

Quelle: IMV »Bonkarz«
erhalten: OSL Müller
am: 13.10.1976
1. Bericht zum auftragsgemäßen Besuch bei Reiner *Kunze*
...Erreicht scheint [durch dieses] Zweieinviertel-Stunden-Gespräch mit *Kunze* auf jeden Fall, daß [ihm seine]... Vereinsamung und... relative Isolierung... in der DDR... deutlicher geworden ist als bisher.

Ende der Zitate zur Art des Einsatzes.

Auszüge aus Berichten:

Quelle: »A. Drempker«
erh. am: 18.01.74
Mitarb.: Oltn. Bräunlich
Einige Bemerkungen zu Verbindungen [zwischen] Jürgen
Fuchs, Jena, Wolf *Biermann*, Berlin, [und] Reiner *Kunze*,
Greiz
... Die Verbindung zu Wolf *Biermann*, Berlin, Chausseestraße
131, wird vor allem aufrecht erhalten durch einen Gen. Jürgen
Fuchs, der Psychologie studiert, 24 Jahre alt ist und als junger
Lyriker in der DDR schon einige Gedichte veröffentlichen
konnte.
Jürgen *Fuchs* besucht Wolf *Biermann* im Durchschnitt einmal
im Monat und bringt immer eine ganze Reihe mit Schreibma-
schine... getippter Gedichte und Durchschriften mit. Eines
der letzten Gedichte..., welches in Greiz aufkreuzte, war gegen Horst *Sindermann* gerichtet... Der Refrain... bezog sich
darauf, daß der Genosse *Sindermann* 1964..., er war damals
1. Sekretär der SED-Bezirksleitung Halle, eine Veranstaltung
mit Wolf *Biermann* verbieten mußte, weil Wolf *Biermann* versucht hatte, die Partei linksradikal zu überholen... Jürgen
Fuchs hat [in] Greiz Beziehungen zu [es folgen Name und Anschrift eines Jugendlichen], ... bei [dem] diese Gedichte auf-
getaucht [sind]... Ich vermute, daß Jürgen *Fuchs* auch in den
kommenden Monaten vom Besuch bei Wolf *Biermann* Gebrauch machen wird, zumal sich die Verbindung [von] Jürgen
Fuchs zu Wolf *Biermann* durch die Söhne Prof. *Havemanns*,
die beide in Jena studieren, vertieft hat, und es ist allgemein
bekannt, daß Wolf *Biermann* sich in den letzten Jahren das
Vertrauen Prof. *Havemanns* gewissermaßen erschlichen hat.

★

Quelle: IMV »August Drempker«
MA: Bräunlich, Obltn.
erhalten am: 05.02.74
... Als er [Reiner Kunze] die Tür öffnete, stand ich so, daß ich
einen Blick in die Stube werfen mußte. Da hatte ich den Eindruck, daß einer der drei Gäste Wolf *Biermann* gewesen sein
könnte. Ich betone aber, daß ich, als ich dann raus ging, un-
auffällig Umschau gehalten habe. Es stand um das Haus
herum... kein Auto. Außer Wolf *Biermann*, der in einem
legeren Anzug und wahrscheinlich schon länger dort saß, wenn
es Wolf *Biermann* war, ... saß [dort] ein Ehepaar, das gerade
angekommen sein mußte. Aus diesem Grunde führte man
mich auch nicht ins Wohnzimmer, indem man sagte, man hätte
ganz plötzlich Besuch aus Dresden bekommen. Ich betone
aber, daß dieses Ehepaar aus Dresden perfekt Tschechisch
sprach. Es könnte sich meines Erachtens... um einen tschechischen Freund von Reiner *Kunze*, den Schriftsteller Jan
Skácel, gehandelt haben...
Unser Gespräch drehte sich... am Ende noch einmal um das
Problem *Solschenizyn*, wobei ich nicht bestreiten kann, daß
Reiner *Kunze* eine ausgezeichnete Formulierung findet wie...
»Solschenizyn steht zwischen ethisch-moralischer Maximalität
und realpolitischen Positionen«. Aber bei allen schönen und
gelungenen Formulierungen sollte man meines Erachtens
nicht außer acht lassen, daß er sich... nicht... gegen die Per-
son Solschenizyns ausspricht, die in den letzten Jahren der
UdSSR großen Schaden zugefügt hat.

★

Quelle: IMF »Paul Bonkarz«
erh. am: 17.07.1975
Mitarb.: Oltn. Bräunlich
Bemerkungen zur Person des Jürgen *Fuchs* aus Jena
...Er teilte mir [zu]erst mit, daß die Exmatrikulation ausgesprochen wäre... Der Grundtenor seiner weiteren Darlegung war, er habe außer mit seiner Frau, *Kunze* und mir mit keiner ...Person darüber gesprochen, er habe zu seinen Freunden um ihn herum kein Vertrauen mehr... Er sagte..., daß er sich in den letzten Wochen viele Gedanken gemacht habe und der Meinung ist, daß er... mehr tun müsse als bisher. Jetzt habe er sich immer nur auf Gedichte und... künstlerische Darstellung und Bloßstellung von Mißständen in der DDR... eingelassen, das wäre nur eine halbe Sache. Er beabsichtige jetzt, in einer sehr deutlichen Form politische Essayistik zu schreiben..., und er bittet mich, in einem Kreis von Leuten aus der gesamten DDR mitzuarbeiten, die Nachdenklichkeiten anstoßen... Das, was er jetzt vorhabe, wäre für sie nicht so gefährlich, wenn sie zusammenblieben, als wenn jeder für sich arbeite und wirke... Er wäre sich natürlich darüber im klaren, ...daß man ihm eines Tages auch Staatsgefährdung vorwerfen könne... Die Verbindung zu mir will er... über die Marcela *Kunze* organisieren – zu mir und auch zu *Kunze* selbst. Schreiben soll ich [ihm] möglichst nicht, und wenn, dann nur ganz allgemein, ...er komme selbst... Er sagte, er wäre sich nie so richtig im klaren gewesen, welche Rolle ich wirklich spiele, aber [nun]... ist ihm klar, daß er zu mir Vertrauen haben kann. Er bat mich, alle Unterhaltungen mit ihm unter strengster Wahrung der Diskretion zu behandeln, besonders, was seine nächsten Schritte betrifft. [Jürgen Fuchs wurde am 19.11.1976 verhaftet.]

★

Quelle: »Paul Bonkarz«
Mitarbeiter: Ultn. Reißmann
Erhalten am: 26.08.1976
...Am Sonnabend (21.08.76) fand in *Kunzes* Wohnung...
von 13.00–14.00 Uhr eine interne Beratung *Kunze – Vaatz –
Böhme* statt... Es ging um das Unternehmen Interview RIAS
... In dem Interview, das Mitte September ausgestrahlt
wird, werden vermutlich zwei Gedichte von Arnold *Vaatz* mit
vorgelesen werden, die ich in Durchschrift beifüge... *Vaatz*
muß unbedingt unter strengere Kontrolle genommen werden,
da er in Polen und zweimal in der DDR kleinere »Wege« für
Kunze erledigte. Größte Vorsicht und Diskretion... Informa-
tionsquelle wäre leicht zu ermitteln.

Weitere Auszüge: siehe mit »D.« und »B.« gekennzeichnete
Textstellen dieses Buches.

Nachsätze:

Bild am Sonntag (15./16.4.1990): Auf die Frage, ob er in der
weiteren Zukunft ein Staatsamt annehmen wird, antwortet
Böhme nur vage: »Vorläufig nicht. Aber die Zukunft wird
zeigen, ob es vielleicht nötig ist...«

Neues Deutschland (7.7.1990): ...Es ist ziemlich ruhig um Sie
geworden?
Ibrahim Böhme: Also, ich kann, auch wenn Sie mir das nicht
glauben, sagen, daß ich darunter nicht leide. Ich tue meine
Arbeit weiter wie bisher...
Neues Deutschland: Wie sehen Ihre persönlichen politischen
bzw. beruflichen Pläne aus?

Ibrahim Böhme: ... Beim Magistrat habe ich mich – nachdem ich dazu angesprochen wurde – im Bereich des Inneren als Polizeibeauftragter beworben ... Gemeinsam mit Erhard Eppler bin ich aufgefordert worden, das Manifest der Vereinigung beider sozialdemokratischer Parteien zu erarbeiten. Ich kann mir vorstellen, für den Bundesvorstand der SPD zu kandidieren, allerdings nur, wenn es der Sozialdemokratie ... zu linkeren Positionen verhelfen kann ...

Brief aus Leipzig, 1990

... So wurde das ganze Land regiert: Wir wissen alles über dich, du weißt gar nichts ...

Machen wir noch was. Und versuchen wir, uns zu helfen dabei, jeder nach seinen Kräften. Und ehe wir unter die Erde gehen, gehen wir noch mal angeln.

Horst Drescher

Reiner Kunze

auf eigene hoffnung
gedichte. *112 Seiten. Leinen*
und Fischer Taschenbuch
Band 5230

eines jeden
einziges leben
gedichte. *126 Seiten. Leinen*

gespräch mit der amsel
frühe gedichte
sensible wege.
zimmerlautstärke
216 Seiten. Leinen

Das weiße Gedicht
Essays. 185 Seiten. Leinen

Die wunderbaren Jahre
Prosa. *131 Seiten. Leinen*
und Fischer Taschenbuch
Band 2074

Der Film
»Die wunderbaren Jahre«
Lesefassung des Drehbuches
Mit Original-Farb-Fotos
aus dem Film
Fischer Taschenbuch
Band 7053

zimmerlautstärke
gedichte
Fischer Taschenbuch
Band 1934

Reiner Kunze
auf eigene hoffnung
gedichte
Ausgezeichnet mit dem
Geschwister-Scholl-Preis
Fischer

Der Löwe Leopold
Fast ein Märchen,
fast Geschichten
Mit Illustrationen
von Karel Franta
96 Seiten mit 20 farbigen
Illustrationen. Pappband
und Fischer Taschenbuch
Band 1534

Jan Skácel
wundklee
gedichte
Ins deutsche übertragen
und mit einem nachwort
versehen von Reiner Kunze
Fischer Taschenbuch
Band 10129

S. Fischer

Günter Kunert

*»Kunerts Kunst, das Tragische ins Komische umzubiegen,
aus dem Zeitroman unversehens einen gargantuesken Schelmen-
roman werden zu lassen ..., ist enorm und frappierend.
Das Wortspiel, so verstanden und gehandhabt, wird ein
legitimes Mittel zur Herstellung großer Kunst.«*

Camera obscura
Prosa. Band 2108

Im Namen der Hüte
Roman. Band 2085

**Tagträume in Berlin
und andernorts**
*Kleine Prosa,
Erzählungen,
Aufsätze
Band 1437*

**Günter Kunert
Berlin
beizeiten**
Gedichte
Fischer

Band 9567

Berlin beizeiten
*Gedichte
Band 9567*

**Verlangen
nach Bomarzo**
*Reisegedichte
Band 5018*

**Günter Kunert (Hg.)
Mein Lesebuch**
Band 5760

Fischer Taschenbuch Verlag

fi 792 / 2